為什麼你說的話都沒人聽？

人前で話すための聞いてもらう技術

讓人「聽得懂」也「懂得聽」的說話之道

小川直樹 著
李靜宜 譯

溝通要從心開始，才能讓對方願意聽你說話

黃永猛（知名企業講師、第十屆時報廣告金像獎得主）

語言是廉價的，使用錯誤的語言是要付出代價的。尤其，誤解更是阻礙溝通的致命一擊。誤解來自沒有好好仔細地聆聽對方的每一句話，這也是為什麼上帝給我們一張嘴巴，卻給了我們一對耳朵。

達賴喇嘛曾經說過：「當你說話的時候，你只是在表達自己已經知道的事情。但當你傾聽的時候，便會了解對你而言是新鮮的事情。」

溝通從聆聽開始。我多年來巡迴全國從事團隊溝通課程時，特別強調自己先要學習「聽話」的技巧，才能讓對方「聽話」，也就是讓對方完整聽進我們想傳

達的話語。

基本上，溝通時有效聆聽有六個Yes與六個No。其中六個Yes包括：

一、營造互信的氣氛：溝通和信任成正比，我們不會跟不信任的人溝通。溝通時一定要把對方放在平等的位置，不管學歷職位高低，尊重是人類最基本的愛。

二、肢體動作要具體明顯：面帶微笑，寬容別人，肢體語言要有溫度。

三、排除時間與體力障礙：當自己身體不舒服或精神不濟時，少與人溝通。

四、重述、澄清並確認你所聽到的：為了避免誤會的產生，確認、確認、再確認你所聽到的。

五、要聽懂弦外之音：要聽懂對方話中隱藏的意涵。

六、不斷練習：Practice Makes Perfect，透過不斷練習訓練聆聽的技巧。

六個No則包括：

一、不預設立場。

二、不要做心理分析。

三、不批判。

四、不操控或威嚇對方。

五、不說教。

六、不插嘴。

尤其我們平常就必須培養聆聽的能力，比方說聽的當下反應慢一點、注意自己臉上的表情及回應的聲調、多利用想像畫面與多使用感性的字眼等。

不溝通或是不正確溝通，有時會帶來很多的遺憾。溝通前先問自己三件事：

Why？What？How？

Why：為什麼要溝通？↓溝通的目的是要解決問題。

What：談什麼？↓確定談話的內容。

How：如何談？↓掌握說話的方式與溝通的管道與方法。

鬼谷子強調「口乃心之門」。如果想讓對方喜歡你，要對我們產生興趣，最重要是多多談論對方感興趣或關心的事。我在授課時，也有教導學員「如何讓別人聽你說話的十種技巧」，以下就跟讀者分享，這些技巧分別是：

一、先聽後說：「關於這件事想先聽一聽你的看法……」。

二、使用敬語：敬人者人恆敬之，人們喜歡有教養的人「禮貌上，想先聽一聽您的獨特觀點……」。

三、展現同理心：「我們可以理解您的顧忌」、「我們可以理解您的感受」、「我們有解決方案」等。

四、投其所好：用別人願意和你溝通的方式來傾聽。說他想聽的，然後引導出他想說的「非常認同您的觀點……」。

五、分享最新消息：「告訴你一個好消息，下個月會有一個降價的促銷活動……」。

六、先講結論：「今天的結論是，我們部門只要重整合併每年可以 Cost down 三．五%……」。

七、分享經驗：「關於親子關係，我有個很失敗的經驗……」。

八、論述成功個案：「想跟大家分享蘋果ipod的成功經驗……」。
九、說故事：「關於主管的領導統御，想跟大家分享一個狐假虎威的成語……」。
十、說笑話：「跟大家分享一個笑話……」。

溝通必須從心開始，不正確的溝通方式，就是浪費雙方的生命動能。高品質的溝通，應該把注意力放在溝通的結果上，而不是情緒上。

我在授課時經常提醒學員，溝通時少用「我」，最好用「我們」，這觀點與作者在書中不斷的強調將雙方融合成「WE」的關係、在講台上營造出「WE」的狀態、「破冰」是為了建立「WE」的關係、「WE」的力量能拯救口拙？有共同的默契與觀點。

除此之外，溝通時需注意內涵、衣著、態度、眼神、肢體語言等這點，也與作者在書中提到服裝中隱含的訊息：「你是『為了誰』而選擇服裝？國王皇后穿什麼樣的衣服？」所論述的內容不謀而合。當然本書其他精彩章節也十分有趣，讀者只要根據作者的實例融於工作中，深信溝通能力與人際關係必能有所收穫。

本書無論在職場上或生活上，無疑是一本兼具接地氣又富專業性的實用書。作者小川直樹以語音溝通學者的背景及二十多年的教學經驗切入，並以口語化的情境描述，讀者只要根據書中指示，在「說話」的專業技能上，必能得到更多的肯定與讚賞。本書值得推薦！

序章

「這篇自我介紹，我想了一整晚。我覺得內容很不錯，可是對方聽完後卻沒有什麼反應。」

「我參加婚禮時上台致詞，但都沒人在聽。」

「面試時，我把想說的話都說出來了，可是面試官好像都沒在聽。」

「最近我講話時，女朋友都會露出一副感覺很無聊的表情，為什麼會這樣？」

各位是不是有過以上的煩惱？

讓我告訴你一件很重要的事——基本上，人們都不會聽別人講話。

我在學校教過很多學生，也在外面教過許多社會人士。我身為語言學者、語音學者，一直觀察人們是如何使用語言，結果得出的就是這麼令人無言的結論。

當老師要求學生：「我說的每一句話，你們都要好好聽著！」「你們是學生，當然要聽老師說的話！」這時候，學生卻心想：「我才不想聽老師講話呢。」「有夠無聊！」這種心情想必大家都能理解吧？

上課看著窗外發呆；偷偷跟同學傳紙條；跟隔壁的人講悄悄話；或者幫課本上的人物畫上鬍子或傷痕……任何人應該都有過這種經驗吧？而老師總是會扯著喉嚨大喊：「看這裡！」「你們有認真聽我講話嗎！」

每當老師這麼一吼，學生頓時便安靜下來，看著前面的講台，裝作一副在聽老師講話的樣子。但是，學生真的有在聽嗎？老師說的話，他們真的有如實地聽進去嗎？

那又是另外一回事了。

學生看起來似乎有在聽課，但腦子裡可能想著：「啊，今天是漫畫《週刊少年Jump》的出刊日！」或是「今天晚上有足球轉播耶」等等，你或許也曾經是這種學生吧？

不過，我想要的不是表面的假象。不是上課時學生保持安靜，裝作有在聽的樣子就好。真正重要的是，**我想表達的事真的能「確實傳達給聽話者」**。然而，想要達到這個目的，應該要怎麼做？因此，我開始一連串的嘗試與調整。

首先，我注意到的是，老師和學生之間有條涇渭分明的「界線」。老師將自己定位成「說話者」，學生則認為自己是「聽話者」。如此一來，**說話者與聽話者之間會有一條「界線」**，清楚畫分出「I」和「YOU」兩邊。這條界線猶如銅牆鐵壁，而位處兩邊的人便形成相互對立的關係。由於這條界線的存在，彼此變得無法了解對方。

另一個發現是，在大學講師休息室內，有位老師說：「A同學的上課態度真的很糟，實在令我很頭痛。」接著，另一位老師也說：「他上我的課也一樣，真是個問題學生。」可是，A同學上我的課時，卻是很認真在聽課。

於是，我意識到，不能輕易認定一個人是「會聽別人說話」，或是「不聽別人說話」。**同樣一個人，可能會專心聽別人說話，也可能會不聽別人說話，這取決於說話者是誰。**

有了這些心得後，我不斷嘗試並調整作法，找出該怎麼做才能讓別人聽我說話。由於我是老師，所以有很多機會可以測試。我幾乎每天有課，所以也發現，即使是同一位學生，每天的聽課態度也不盡相同，不同時間的聽課態度也不一樣。此外，每次課堂上都有很多不一樣的表情：有人一副想睡的臉；有人心神不寧一直在看手錶；有人看起來很不開心，當然也有專心聽課的學生喔（笑）。

那麼，我該如何讓這些善變的學生聽我說話？在反覆嘗試、修正錯誤後，終於成功地找到答案。而且，我也實際在各種狀況中應用這些心得，使得這套技術愈來愈純熟。

現在，不論台下坐著什麼年齡和性別的人，我的演講和課程都能進行得很順利。我想告訴聽眾的事，都能順利傳達出去；製造「笑果」的哽，也能引來哄堂大笑（雖然很多時候也很難戳中對方的笑點而冷場……），但常有聽眾跟我說，感覺聽演講的時間一下子就過去了。

我研究出的這套「讓人願意傾聽的說話術」，是首次以出版成書的方式，公開亮相。這是我在教學工作中培養出來的溝通技巧。我的身分除了教師之外，同時也是位語音學者（＝研究語音溝通的語言學者），因此這項技巧也包含了語音學的知識在裡面。因此，只要是公開發表言論的場合，這套技術都適用，不論面對什麼對象都沒問題，絕對不是表面的技巧論。

這套技術的**前提是說話者必須先尊重聽話者**，這樣對方才會願意聆聽說話者的談話。

你想要誰願意好好聽你說話？學生？顧客？觀眾？或是職場上的工作伙伴？即使對象不是一大群人，在朋友、情人、夫妻與親子之間，每天也會上演著希望對方聽自己說話的場景。無論雙方是什麼關係、身處什麼狀況，說話時最重要的就是要尊重對方。

在希望對方能聽自己說話、可以傳達出自己想法的同時，也不能缺少對聽話者的感謝與敬意。

由衷期待，本書能幫助你改善日常溝通的困境。

二〇一六年 秋

小川直樹

Contents 目次

第二章　想讓別人聽你說，先懂「吸引別人目光」的技巧……049

第五章　讓別人想聽你多說一點的技巧

第一章

「把別人放在心上」的說話之道

相親派對中男女之間的界線

我曾經和有「參加過好幾次相親派對，卻一直遇不到好對象」煩惱的人聊過。細問之下，原來他跟派對中的人完全沒話聊，以至於結果總是不了了之。

那麼，為什麼會無話可說？

問題似乎就出在，你可能不是很了解相親派對的流程。如果是大型相親派對，跟你面對面坐著的人大概會每三分鐘換一個人。這是因為，主辦單位希望讓參加者能認識愈多人愈好。不過，互不認識的人要在三分鐘之內了解彼此，實在是不可能。

但在三分鐘後就必須換人的情形下，參加者即成了審查員，各自在心裡決定誰之後可以再聯絡。這時候，人會以什麼樣的標準來決定呢？

男性的狀況很單純，他們判斷的標準就是女性的「外貌」。與其說是標準，不如說，男性一開始只會注意對方的外表，然後在心裡評價對方。如果對方的外表是自己喜歡的類型，就在心裡打○，不喜歡的就打×，之後只會對打○的女性展現積極的態度。

反之，女性又如何呢？女性對男性的外表，當然會有偏好，應該也會在心裡偷偷幫每個對象打○或×。不過，她們不會表現得那麼明顯。大部分的女性應該還是希望多一點人喜歡自己，希望盡可能讓更多男性選中。然後，再從許多選項中選出一個最好的，女性大多會存在這樣的欲望。

在相親派對上短短的三分鐘時間，其實就等同於一種面試。

男性是「選擇的一方」；女性是「被選擇的一方」。正因為在這場合中，男女立場不同，想當然耳，彼此之間就會出現一道界線。男女各自站在界線的兩邊，採取不同的行動：男性「希望選擇別人」；女性「希望有人選擇我」。當中並不存在對對方的尊重，因此也無法產生良好的溝通。

你有說出讓對方容易接下去的話嗎？

還有一個在相親派對上比較聊不起來的原因，那就是談話會演變成一問一答的模式。

「您的興趣是什麼？」「看電影」。得到答案後，提問者不會進一步延伸話題，反而是馬上提出下一個問題，比方說：「您喜歡吃什麼？」之類的對話，就好像國中英語課本前幾頁的例句：「這是筆嗎？」「不是，這不是筆。」「那是桌子嗎？」「是，那是桌子。」

這種對話很奇怪，既像對話，又不太像。不太會聊天的人，很容易陷入這種談話模式。以一問一答的方式談話，不要說是三分鐘了，就算持續一小時，應該也無法達到溝通的效果。

所謂溝通，如果以打網球來比喻的話，絕對不是一記扣殺，將球揮向對手無法防守的地方，**而是要揮出讓對方可以回擊的球，將雙方來回對打的時間拉長。**所以，不是只擊出自己好打的球就算了，而是要揮出對方好接，並讓他能輕鬆打回來給你的球。

對方都已經告訴你他喜歡看電影了，你就應該繼續就他的嗜好進一步提問，「你喜歡哪一類電影？」「你最近看了什麼電影？」「你有推薦的電影嗎？」如果你繼續提問下去，對方自然就會再多說一些。誰都愛聊自己喜歡的事，因此，要多多提出對方喜歡的話題。如此一來，對方也一定會反過來提問：「那你喜歡什麼呢？」這時候你再講自己的事也不遲。附帶一提，這時候，對方就會想消除那條存在於你們之間的界線。

不過，也有人擔心如果都讓對方講話，自己也有可能什麼都沒說，時間就結束了。

這樣的話，又是另一個機會。不論是誰，只要有人熱切聽自己說話，都會很開心，或許因此對你留下好印象。所以，搞不好對方會說「之後再好好聽你說」，這樣就能製造下一次見面的機會了。

求職面試失敗的原因

在求職過程中，每個人都需要反覆宣傳自己。有些公司是採取團體面試的方式，要求每位求職者用一分鐘介紹自己，也有公司會花比較多時間逐一面試。不論哪種情況，大多數年輕人都經常犯一種錯誤，那就是**提供太多資訊**。

這個也想講，那個也想說，因為希望讓面試官在短時間內能了解自己多一些，於是一口氣提供大量的資訊。我可以理解求職者的心情，不過，在多數情況下這麼做，反而會造成反效果。這些年輕求職者把提供大量資訊擺在第一位，根本沒考慮到對方想不想聽，反正就是在有限的時間內，一股勁兒地將自己列出來的事情全部講完就對了。

然而，真正重要的並不是「把話說完」，**而是將內容確實地傳達給對方**。只是所有人都會搞錯這一點。愈是認真準備面試的人，愈是容易陷入這種情況。他們會將想說的話寫下來、打成一篇稿子，在家裡反覆練習，面試當天或許就能說得很順。

不過，**這麼做並沒有顧慮到聽話者的感受**。只想著把背好的話全說出來，就無暇顧及聽話者的反應，甚至搞不好還會想：「要是面試官有什麼奇怪的反應，我就沒辦法說原本要說的話了。」有這種想法根本就是本末倒置。

你看過「心太」[1]被壓成一條條的畫面嗎？將長條塊狀的心太放入壓條器

1 編注：日文可寫成「ところてん」，由石花菜等紅褐藻類提煉而來的食物。雖然原料與寒天相同，但寒天比心太多了一道在天然冷凍的狀態下乾燥的手續，因此寒天沒有含礦物質，也沒有特殊的藻類腥味。

內，從一側壓下，透明的一條條心太就會從另一側出來。只顧著把自己要說的事說出來，就很像這種狀況。雖然對方的心情是「我沒辦法把這些都吃光啦！」，但把心太壓成條狀的人還是自顧自地一直壓。老實說，這樣會讓對方覺得很困擾。

對對方來說，由於不斷出現的心太是自己不需要的東西，根本一點都不重要，就算錯過，也會覺得那就算了。一方自顧自地不停地壓，另一方卻覺得沒有什麼珍惜的必要。這就跟講話是一樣的道理。如果聽話者一次接收大量訊息，就不知道哪個重要，結果反而變成沒有一個訊息會留在心裡。講話時，首先要**好好看著對方，慢慢說話**。然後，持續**觀察對方的反應**。

一般來說，面試官不是那麼在意求職者說的內容。他們注意的是求職者說話的方式和表情，以及目光看向哪裡等。還有，他們也會留意，當他們點頭或是露出疑惑的神情時，求職者有沒有察覺到，並且隨機應變。可是，求職者都只是一股勁兒地說著學生時代的成功經驗。如此一來，在說話者（求職者）和聽話者（面試官）之間，就無法產生如同網球對打般順暢的溝通。沒錯，面試也是一個**「溝通的場域」**，並非是單向陳述自己主張的發表會。說到底，如果只是把寫下來的東西記住再說出來，那不如提交書面文件就好。

這問題不只是出現在初次找工作的學生身上，連社會人士也常有這種現象。有些講者會發資料給聽眾，然後說「我講的內容，各位手邊的資料也都有」，接著就照本宣科說出跟講義一模一樣的內容。甚至還有專業講師不管講多少次，內容都和講義上的內容完全相同，這樣不如直接播影片算了。

既然雙方都花了時間面對面說話，講者當然要好好思考要講的內容，所以得排除「就算不用面對面也能做」的事。**更珍惜當下在一起的意義**，這就是對對方的尊重。所以，應該做面對面說話才能做的事。因此，講話時要一邊觀察對方的反應，配合對方，調整自己的用詞、音調的抑揚頓挫、講話的速度和話題。尤其在面試的時候這一點非常重要。

你講的內容真的很無聊！

跟學生相比，社會人士公開講話的機會很多。比方說，剛進公司要跟同事自我介紹，迎新會要談談未來抱負，公司朝會時上台發表三分鐘，或參加婚禮時致詞等。可惜的是，多數人講的內容都很無聊。讓我們來想想看，怎麼做才能讓說話內容變得有趣，讓人願意聽。

以員工在公司朝會時上台講話為例。

一般來說，員工的朝會談話多半以三分鐘或五分鐘為限。這個朝會小演說，似乎讓很多人非常痛苦。問他們理由，幾乎所有人都說：「我不太會講話，而且我也不知道該講什麼。」因為公司規定每個人要輪流上台，那就只好硬著頭皮上去說。說的時候，並沒有什麼想傳達的訊息。台下可能也有人是以「忍耐」的心情在聽。若是這種狀況每天持續下去，真的很可惜。

那麼，為什麼大多數的人上台講話的內容都很無聊？原因就是，**他們都誤以為上台講話是種單向的表達**。他們是以「這是我要講的話，請大家聽我說」的這種立場一股腦兒地說話，沒有考慮到聽眾的感受。但是，就跟前面提到的求職面試一樣，上台講話應該算是一種溝通。

只要是溝通就會有對象。因此，溝通時應該尊重對方，讓他們的內心感到愉快開心。

再者，好的說話內容在之後是會產生回響的。如果朝會上講的話成為午休時間的話題，甚至隔天還有同事來問：「對了，昨天你說的那件事後來怎麼樣了？」這就表示你朝會上的說話很成功。

事實上，好的談話就是「**對聽話者有幫助**」。任何人都希望知道、都想聽對自己有幫助的事，因此這種內容會成為話題，也會傳播開來。

反之，如果說話者只是一直談自己的興趣或關心的事，會發生什麼事呢？除非聽眾是講者的粉絲，否則對他們而言，就是很無聊的內容。

如果是福山雅治或村上春樹的演說，那不管是什麼內容大家都想去聽，因為很多人對他們有興趣，所以想聽他們說話。但如果講話的是一般人，狀況就不是這樣了。正因如此，我們發想上台講話的內容時，應該不是去想「自己要說什麼」，而是「**要讓對方聽什麼**」。

只要說對方感興趣的事，他一定會聽你說。比方說，幾乎所有人都愛聽跟健康有關的話題，因為每個人對自己或家人的健康多少都有點不安。女性則都喜歡減肥、美容、抗老的話題。

在這裡，我想給不擅長上台說話者一些建議：即使「講得不好」也沒關係，因為有比會說話還更重要的事，那就是體貼聽話者的心情。不知道該說什麼的時候，不需要煩惱，只要去思考聽眾究竟想聽什麼就好。

健談和口拙的人，講話時都只想到自己

「我口才不好」vs.「我口條不錯」。

一個是覺得自己不擅言辭的人，另一個是對口才很有自信的人，你認為哪個人說的話比較能讓別人聽進去？

正確答案是「兩個都不行」。

「咦？為什麼？」可能有人會感到疑惑，不過，這兩種人的說話方式都少了某個共同點。他們都缺少一種意識：**說話，是要說給對方聽的**。這兩種人都沒做到這一點。

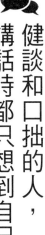

「我口才不好」或者「我口條不錯」，都是從「自己」的角度來說，只注意到自己，卻沒有去關心聽話者的心情，進而為對方著想。

口才不好的人會照本宣科似地說話。在二六頁提到相親派對時也說過，這種人經常會先決定好要問的問題和要說的內容，當下就照著順序，希望盡快把要說的事說完。至於別人聽了之後有什麼反應，是開心還是困擾，完全不重要。要是聊得不開心，對方露出感到無聊的表情時，他們又會搬出一樣的藉口：「哎，反正我就是不會說話……」

另一方面，口條好的人事前不用做什麼準備，就可以隨興地一直大聊自己想說的話，這麼做同樣是沒有顧慮到對方。他們只要一開口，就不給對方說話的機會，還經常在別人講話時插嘴，搶奪談話的主導權。

口拙者跟口條好的人，看起來雖然完全不同，但實際上本質相同。他們都沒有顧慮到聽話者，只想到自己。不管話多話少、講話速度快或慢，這兩種人都是單向地說話，所以他們跟別人的對話不會是互相傳接球的狀態。

如果有想到對方的話，應該會思考：對方喜歡什麼樣的話題？對方聽到別人問他什麼會開心回答？

但事實上，很多人不會想到這種事。他們跟別人對話時就宛如一台自動餵球機，總之就是不斷地餵球，根本不管對方是不是準備好要打擊了，反正他們就是自顧自地投球。要是尊重對方就不會這麼做，不是嗎？

站在聽話者的立場說話

「我男朋友都不聽我講話。」

「最近的年輕人實在很難溝通。」

常常聽到這種不滿和牢騷。每當聽到這種話時我都會心想：「啊，**他們就是站在界線的另一邊不動的人啊**。」這裡所說的「線」，就是十三頁提過的，說話者和聽話者之間的「界線」。

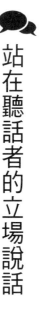

線的這一邊是「I」（我＝說話者），另一邊是「YOU」（你＝聽話者）。

由於有這條界線，兩者站在不同邊，而呈現對立關係。在這種狀態下，「I」說的話無法越過界線，傳達到「YOU」心中。所以，要聽到彼此說的

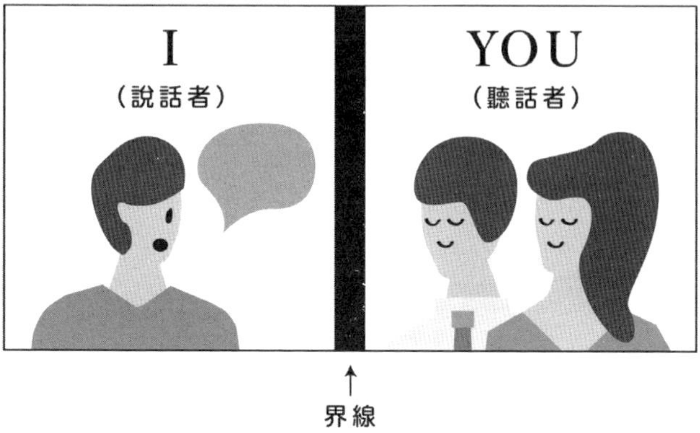

話，就必須越過或消除這條線。

任何人應該都有過處於這兩種立場的經驗。日常生活中，我們有時候是說話者，有時候是聽話者。因此，照理說，每個人講話時應該都能理解聽話者的心情。如果能理解聽話者的心情，就能輕鬆越過界線。可是，**人只要成了「說話者」，就會忘記聽話者的心情**。

在教育課程的大學實習生身上，經常可以看得到這種典型例子。他們平常是聽老師講課的學生，應當能充分了解，對聽課的人來說，什麼話會讓人想聽，什麼話則讓人覺得無聊。

儘管如此，實習中他們一旦踏上講台成為「說話者」時，卻忘記聽話者的感受，只是一股勁兒地講課。然後又感嘆：「學生都不聽課。」

認為「自己這麼認真講話，對方卻不願意聽」，這正是聽話者聽不進去的理由。人一旦覺得「別人不聽我說話」，就是站在界線的這一邊，將對方視作他人，不去顧慮對方的心情和想法。**請越過界線，和對方站在同一邊**，試著同理他的心情。然後，站在對方的立場去思考他們想聽什麼話，這樣才能讓別人願意聽你說話。

「讓別人願意聽你說」，而不是「要別人聽你說」

「讓別人願意聽你說」，跟「要別人聽你說」有什麼不一樣？

「讓別人願意聽你說」，是引導別人主動產生想聽你說話的意願。本書所介紹的「讓人願意傾聽的說話術」，就是營造這種狀況的方法。它不是要別人聽你說話的技術，也非說話技巧，而是讓別人自願想聽你說話的技術。

聽我這麼說，你可能會想到什麼奇怪的催眠術，或是操控心靈的技巧等，但絕非如此。施行那些方法，是即使對方不喜歡也硬是要做，或是不顧對方的想法，硬是將自己的要求強加於他人。但我的方法，出發點完全不同。

讓別人願意傾聽的說話術，是把尊重對方擺在第一位，所以，能讓人產生安心感與信賴感，正因為如此，他們才會對我們說的話感興趣，會想聽我們怎麼說。為了讓別人願意傾聽，絕不可強迫對方，也不是去改變他們，一切都是看我們自己怎麼說、怎麼應對。

說話的一方，不是單方面自顧自地說話就好，同時也要越過界線，努力去消除這條線。如此一來，隔開說話者與聽話者的界線才會消失，「I」和「YOU」才能變成「WE」，也可瓦解「我是說話者」vs.「你是聽話者」的對立關係，變成「大家站在同一個立場」，這樣聽話者才會有意願聽，而說話者所說的話才能被聽進去。

接著，下一章我們要來看，建立「WE」關係的第一個步驟是什麼。

第二章

想讓別人聽你說，先懂「吸引別人目光」的技巧

笑容、姿勢與服裝，是對方想聽你說話的決定性關鍵

首先來講個真實的例子，這是我聽一位女性朋友說的。

她的兒子升上國三後，她就帶著兒子去參觀多所高中，在某所私立高中的說明會上有位中年男老師，他的鼻毛居然大剌剌從鼻孔中冒出來，而且一看就不是因為疏忽才沒發現長出來，而是任何人看了都會感到不舒服的程度。不只如此，他的態度還很傲慢。

「我才不會讓兒子來讀這所高中！」我朋友在心裡發誓。於是，這所高中就因為鼻毛……不對，就因為一位不修鼻毛的老師，失去重要的「潛在客戶」。

學校收一位學生，包括學費和其他費用，三年下來能入帳幾百萬日圓，卻因為一位露出鼻毛的教師，而失去可能願意支付這些金額的候選顧客。

我想，跟我朋友一樣感到不舒服的人應該很多。參加學校說明會的大多是母親，而女性對人的「清潔」、「不乾淨」特別敏感，光是看到對方露出鼻毛，就不想再聽他說話。

不過，這位老師或許也有話要說。他一定會說：「鼻毛跟學校好壞有什麼關係！」，搞不好還認為「會來說明會的都是想進來讀的人，我們沒必要注意儀容去迎合對方」。這麼想就是畫出一條界線，認為「我們是挑選學生的這一邊」，「你們那邊是被挑選的人」。但是，這種情況並不是單向的「挑選」和「被挑選」，而是雙方都在選擇與被選擇。面試跟相親也一樣，不是只由一方做選擇，彼此都是在選擇與被選擇中取得共識。

但鼻毛教師卻完全沒想到，為了讓家長和學生選擇學校，以及為了讓別人聽自己說話，應該要好好注意儀容。從這個例子可知，**為了讓別人聽我們說話，我們給對方的第一印象，也就是外表，非常重要**。

給別人的第一印象決定於瞬間，時間雖短，卻有非常大的影響力。這是因為所謂的第一印象，是生物為了保護自己做出的本能判斷，因此我們會一直記著。安全還是危險、喜歡或討厭、敵人或者同伴，我們會在看到對方的當下做出判斷。因此，要是第一時間讓別人覺得「我不喜歡這個人」，或是「我想盡量避開他」，那就沒戲唱了。

就算之後理智上知道「雖然如此，還是必須聽對方講話才行」，或是「之後還是得跟這個人保持聯絡」，但身體卻不聽大腦使喚，不想和對方多作接觸。

再者，**由第一印象所得出的判斷會持續很長一段時間**。雖然判斷取決於一瞬間，影響卻是一輩子。在同學會等的場合，上了年紀的人仍會互相笑著說：「我剛認識你的時候，對你的印象實在有夠差！」不管過了幾十年，大家都還是會提起跟第一印象有關的話題。

說個閒話，女學生對老師第一印象的評論，真的是非常惡毒。「○○老師真的有夠噁心！」、「沒辦法！我在生理上就是無法接受他」，像這樣的話我聽過好幾遍……啊，她們不是在說我喔（笑）。這些老師就在這種尷尬的氣氛中講課，直至學期結束。

「就算你說外表很重要，我也無法改變啊。」、「如果是俊男美女的話，就沒問題了吧，但我又不是……」我似乎可以聽見這種不滿的聲音。不過，就算長相普通，外表也可能給人好印象。這是因為外表不只是天生容貌而已，也包含後天條件。而且，後天條件還比天生容貌有影響力。有些演員，你看電視的時候覺得他稱不上是帥哥，但實際看到本人，卻覺得他出乎意料的帥氣。這種例子很多。這就是因為他們具備了後天的要素。所謂後天的要素是什麼？那就是「笑容、姿勢、服裝」這三點。不過，要說細一點的話，儀容與整潔也很重要，那是最基本的事。雖然這裡並沒有詳加說明，但還是要請各位留意！

笑容能使人感到安心

首先，來談外表三要素中的「笑容」。

笑容具有讓人安心的力量。我講課時，總是會面帶微笑走進教室。像我這樣的老師其實很少見吧？大部分老師走進教室時，表情總是嚴肅的、冷淡的、慌慌張張的，或是不愉快的，感覺都不太開心。教室難道是老師和學生的戰場嗎？（笑）這樣真的好嗎？

有一次，一位外國學生跟我說：「我是外國人，課程剛開始時，由於沒有朋友，我覺得很不安。不過，看到老師您笑瞇瞇走進教室，我就安心了，覺得之後應該沒問題。」像這樣，老師光是帶著笑容出現，就能讓學生提升學習動機。

反之，學生若身處難以安心的環境，自然也就無法好好學習，因為第一優先會變成是先保護自己。請想像一位超級可怕、不知道什麼時候會火山爆發的老師。跟著這種老師，你能保持穩定的心情來學習嗎？比起學習，留意他的臉色還比較重要吧？因此，想讓學生專心學習，必須先讓他們安心，所以我才會帶著笑容進教室。

不只是為人師表者要注意這一點，就連一般的人際關係也適用。面對笑容滿面的人，我們會感到安心，因而願意親近對方。反之，如果是一臉兇惡的人，我們不會想靠近，也不會想跟對方變得友好，反倒避之惟恐不及呢，因為我們會隱約感到危險。

好姿勢讓你看起來更有自信

接下來我們要談「姿勢」。

姿勢說不定就是日本人最大的弱點。

一九九八年，我當時任教的立教女子學院短大提供我進修一年的機會，於是我前往英國留學。事實上那時我有嚴重駝背，當時我看自己的照片發現了這件事，覺得不能再這樣下去。英國人體型高大且厚實，日本人則是體型嬌小且單薄。我在日本人裡面已經算小號的了，到了英國後更顯矮小，而且姿勢又差。

我看起來就像是個風一吹就會飛走的孱弱日本人，這讓我覺得不管說什麼話，都不會給人信賴感，也沒有說服力。因此，我下定決心要注意姿勢。因為身體已經無法再長高（笑），起碼姿勢要好一點。

而且，當時我還聽到這種說法：「不論在什麼地方，馬上就能看出誰是日本人，只要看到姿勢很差的準是日本人無誤。」對很在意姿勢的我，聽到這話又像是被狠狠刺了一刀。不過，之後一年下來，我保持良好姿勢，也長出肌肉，還算有點氣勢地回到短大工作。

我改變自己的姿勢之後，看學生的角度也跟以前完全不同。當時的立教女子學院短大，有很多長得好看，打扮得很漂亮的學生，但每個人看起來都彎腰駝背，姿勢很差。我教的學生是外語科的，她們將來是要跟外國人接觸，去國外念書或工作的。我心想這樣不行，自己必須當她們的榜樣。附帶一提，我的公開說話術和讓別人傾聽的技術，就是根源於此經驗。

總而言之，姿勢差會給人一種陰沉的、孱弱的印象，看起來好像很沒自信。尤其在國外，日本人看起來更是如此。不過，只要挺直背脊、挺起胸膛，看起來就有自信。為了讓別人聽你說話，這種散發自信的氣勢很重要。

就算缺乏自信，也要表現出看起來有信心的模樣，這麼一來，對方就會想聽你怎麼說。有自信的人說的話，會讓人覺得值得一聽。反之，沒自信（或看起來沒自信）的人說的話，會讓人覺得「這個人的話可信嗎？」而無法自然而然聽進去。因為不管說什麼，別人都會產生懷疑。

再者，姿勢好的人，在人群中也很搶眼。姿勢好，看起來就有光采。由於姿勢差的日本人很多，正因如此，姿勢好的人更容易被看見。公開說話時，好姿勢會是一項很有利的武器。

善用服裝的色彩跨越溝通障礙

我們來思考第三個要素「**服裝**」的影響力。

事實上，尤其是服裝顏色，能有效消除隔開人與人之間的界線。因為服裝及其顏色，會成為隱含某種意涵的訊息。畢竟衣物覆蓋住我們大部分身體，正因如此，若能有效利用的話，即可輕易毀壞那條界線。不過，要是使用方法有誤，也可能讓界線變得堅不可摧。

可惜的是，**我們經常輕忽色彩的力量**。在歐美，不論什麼地方都會善用色彩。走在歐美國家的街上，總讓人感覺興奮，或許那就是色彩所發揮的影響力。

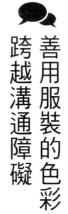

觀看二〇一六年巴西里約熱內盧奧運的轉播時，會有人看到心情變得陰鬱嗎？大多數的人應該是莫名感到心情愉快吧。事實上，那是由於會場使用了黃綠色、黃色，以及其他許多明亮的顏色。在這種色彩繽紛的環境下，選手的心情也會比較愉快，容易發揮實力。

正因如此，在公開場合說話時也應當注意服裝顏色，這麼一來，就能更有效讓別人聽你說話。以我來說，我會刻意穿暖色系衣服，比如粉紅色或橙色，這些顏色除了看起來「溫暖」外，也給人「溫柔」、「親密」、「包容」等印象。因此，教課的人這麼穿，就能讓學生安心學習。

此外，淺藍色、藍色及深藍色的衣服，則給人知性誠實的感覺。不過，身上若只有這類冷色系的顏色，容易讓人覺得「很冷淡」。所以可以搭配一點暖色系去平衡一下。以男性來說，由於會穿戴粉紅色和橙色的人很少，所以效果明顯，尤其是女性，覺得這種男性比其他男生「溫柔」，甚至被認為「一定是個好人」。

另外，常有人會穿成一身黑。如果是在公開講話的場合，而且又希望別人接受自己的話，這麼穿其實並不妥。穿著一身黑的人，會給人沉穩溫柔的感覺嗎？應該不會吧。事實上，黑色給人的印象是「拒絕」。因此，反體制的搖滾歌手才會身穿黑衣。這麼穿，感覺上會讓人我之間的那條界線更加牢不可破。

有一回，班上兩個女學生來找我。她們都長得很可愛，但都感嘆自己交不到男朋友。在我看來，原因一目了然，因為這兩個女生總是都穿黑衣。

由於黑色帶著拒絕的訊息，每次她們一起出現都穿黑色服裝，等於是不斷向周遭的人傳遞雙倍的拒絕，這樣當然不會有人想要靠近。而且，對總是一起行動的兩人來說，她們也是一天到晚看到彼此的黑色衣服，這樣心情會愉快嗎？當然也就笑不出來。所以，男生並不會主動靠過來。

我們穿的服裝會透過顏色（或樣式、設計），自然傳遞出訊息，因為這些占了我們外表很大的一部分。因此，我們當然要善用它做為溝通手段，這樣才比較容易越過界線。

要是我們沒留意到服裝傳遞出去的訊息，又會如何？到頭來，服裝就會一直傳遞跟我們想法不同的訊息。我們與別人的溝通自然就不會順利。

為「聽話者」選擇適合的服裝

那麼，如果是打算讓大家聽你說話的場合，你會怎麼穿？

挑選衣服時，我們經常以「自己」為中心來考量，像是自己穿什麼比較好看，穿什麼比較自在等。不過，這樣做只想到自己，沒有想到聽眾，因此無法越過人我之間的界線。所以，**請為了聽你說話的人來選擇服裝**，這樣別人才會更想聽你說話。

那麼，符合聽話者期待的服裝是什麼？我們先來看個例子。

有一次我去東京的拉麵店用餐時，突然想到一件事：「現在的拉麵店店員都穿黑T恤，不刮鬍子，頭綁毛巾，這是要大掃除嗎？」感覺上，比起拉麵碗，這樣的穿著跟抹布、水桶更搭。最近開的拉麵店幾乎都是走這種風格。但這種打扮不適合餐飲店店員吧？看起來不太乾淨整潔。

請想像一下，如果壽司店師傅穿成這樣的話呢？你掀開店門口的暖簾走進店裡，只見站在吧台內的是一位頭綁毛巾、身穿黑色T恤，臉上有鬍子的小伙子。如果是他捏的壽司，你絕對不想吃吧？我們會希望壽司店師傅身著白色工作服，臉上沒鬍子，看起來乾乾淨淨。這樣的餐飲店人員服裝打扮給顧客的訊息會是：「我的手很乾淨喔」、「我們的店面有保持清潔喔」、「請您安心享用壽司」。

那麼，為什麼拉麵店店員一身打掃風格的裝扮，顧客就能接受呢？如果用傳遞訊息的角度來思考，就能理解。拉麵店店員留鬍子、穿T恤，是現代的流行趨勢。以前拉麵店的工作人員都會穿白色工作服，老店現在仍是如此。像日劇《冷暖人間》裡也是這麼穿對吧？在這種店，好像能吃到中華口味的拉麵——湯頭是以雞骨頭高湯為底的醬油口味，麵上頭擺著肥肉較少的叉燒肉、筍干以及魚板。

相對的，店員穿著黑T恤、並留著鬍子的拉麵店，則好像會端出麵條很粗的沾麵，還有湯頭濃稠得跟炸豬排醬一樣的拉麵。換句話說，店員穿著黑T恤的拉麵店，賣的是現代口味的拉麵。不知道從什麼時候起，已然形成這種既定印象。因此，穿著黑T恤的拉麵店店員，便是向顧客傳達出訊息：「我們賣的是口味比較新穎的拉麵。」

服裝本身就能傳遞訊息，如果該訊息符合對方的期待，對方就能接受說話者，甚至更進一步，能聽進他說的話。

所以，穿對服裝是讓別人願意聽你說話的第一步。

穿白色衣服能吸引眾人目光

雖然這樣做很突然，但現在我們來做個實驗（笑）。請畫出國王和皇后，並且隨意上色。

我想，大部分的人應該會將國王和皇后的服裝塗成金色的吧？我們都認為國王皇后的服裝會有閃亮、醒目、明亮的顏色。這類顏色能提高他們的存在感，讓人忍不住多看幾眼。

「**備受矚目**」是要讓別人聽你說話時很重要的一點。在公開場合說話，就像是在偶像團體ＡＫＢ48裡頭站在正中央表演一樣。能夠站在團體中央的人，就要有足以撐起場面的氣勢，讓人一看就覺得是團體中的核心人物。也就是說，你本身要有「強大的氣場」，整體感要「華麗」。可是，要從內在散發出強大氣場，並不是一朝一夕能夠練就出來的。

不過，**即使是用外在的穿著打扮來營造氣場也很有幫助**。只要選擇穿看起來有氣場的顏色就好。所有顏色中，讓人聯想到國王皇后的金色是最有氣場的。但平常實在不太適合穿。那麼，該怎麼挑選呢？

最簡單的作法就是穿色彩明亮的衣服，尤其是「**白色衣服**」。在日本，說到穿白色衣服的人，就會想到政治家蓮舫。姑且不論好壞，蓮舫總是很容易成為話題中心，而現在她身為日本民進黨黨代表，也是黨內的中心人物[1]。

此外，搞笑藝人狩野英孝也曾在電視上說過很有意思的話。他說自己會突然暴紅，是由於總是穿白色西裝上節目的關係。聽說他以前是穿黑色西裝上台，但當時一點也不紅，後來他開始改穿一身白西裝登場後，就突然紅了起來。

光是白色本身，就有吸引他人目光的力量。因此，如果要在公開場合說話，就要穿白色或顏色明亮的服裝。光是這麼穿，除了能讓聽話者知道你是現場的中心人物外，他們也會認為「這個人跟別人不同，可以告訴我一些有趣的事」。

不過，男性或許會覺得穿顏色明亮的西裝怪怪的，這時也可以利用領帶或口袋巾等小物，製造讓人眼睛為之一亮的效果。

1 譯注：蓮舫已於二〇一七年九月卸任。

看到船梨精的外表和動作，總是讓人想聽它說話

船梨精很受大家歡迎。它爆紅之後，現在也都能看得到船梨精相關的周邊商品。話說回來，日本每年都會舉辦「吉祥物大賽」，但你都知道這些獲獎的吉祥物嗎？姑且不論特別熱中吉祥物的人，對一般人來說，大概只能想到「熊本熊」吧，我就是這種人（笑）。然而當中就只有船梨精脫穎而出，特別受歡迎。我們就試著從它身上找出「備受矚目」的線索吧。

首先，最關鍵的是它有「**明亮的色彩**」。船梨精是黃色的，而黃色是一個給人強烈印象的顏色，相當顯眼。如果船梨精跟同樣受歡迎的熊本熊站在一起會

怎麼樣呢？最吸引人們目光的，果然還是船梨精。因為在深色和亮色兩者並排之下，人們比較會先看到亮色的一方。

船梨精另一個受矚目的原因是它的「動作很大」。如果你面前有隻蒼蠅，你一定會看得到吧。雖然牠很小隻，但在你眼前飛來飛去的，很容易就能注意到。更何況船梨精的身材龐大，動作又非常大，而且總是蹦蹦跳跳的。那麼大一個黃色東西老是動來動去，讓人不注意也難。

此外，船梨精的外表有一種讓人意想不到的特質。它看起來有點怪，感覺很奇妙，長得頗粗獷，總會讓人忍不住好奇而想特別注意它。我們總會在意「奇怪的東西」、「不一樣的東西」。比起過於漂亮工整的事物，怪怪的東西更能引起我們的好奇心。

不過，船梨精讓人意外的還不只是外表。據說，一般官方吉祥物必須遵守

「不能開口說話」的規定，但不是官方吉祥物的船梨精，卻會用高亢的聲音暢所欲言，淨是講些奇怪的話，情緒亢奮地表現出吵吵鬧鬧的模樣。大家不知道它會說什麼，有什麼動作，但就是會忍不住去在意它，一直盯著它瞧。

有些說明會或課程讓人覺得無聊、想睡，這是由於講者少了船梨精具備的三個特點。比方說一位很像銀行員或公務員的講者，上台後便跟聽眾說：「我今天來跟大家說說融資，」接著照本宣科把資料念完就結束了。這種講者視覺上既不明亮，動作又不顯眼，更沒有讓人意想不到的特質，聽眾自然不會想看他，也不會想聽他說話。在某個典禮上的校長致詞，或空中大學的授課也是一樣的道理。

如果講者穿著明亮色系的服裝，又加上一些肢體動作，還有令人意想不到的特質，聽眾自然會對他感興趣，而自己主動想越過那條隔開雙方的界線了。

人氣政治家展現外在魅力的四大技巧

本章最後，我要分析某位人氣政治家展現外在魅力的技巧，來做為總結。

這位政治家就是日本前首相小泉純一郎。即使他已離開政壇，但只要他一出現，仍備受矚目。我想試著探討其中的祕密。

大部分的政治家都是一身黑西裝，只有小泉前首相會穿顏色明亮的淺灰色西裝，並打上粉紅色等亮色系的領帶。他也不將頭髮染黑，就這麼頂著略長的白髮，而且，每次出現總帶著微笑。正因為他的外在形象明亮且帶有華麗感，即使在人很多的選舉演說中，還是能馬上看到他。這些特質，讓人自然想接近他。他的外在形象總給人一種「我想聽小泉先生說話」的吸引力。

另外一位名字跟他很像的「小澤一郎」，就完全沒有這種魅力。他總是穿著深色西裝、黑髮、膚色黝黑的臉，而且臉上幾乎沒有笑容。除了對他感興趣，想聽他說話的人之外，很難吸引一般民眾的注意力。

附帶一提，其實政治家裡頭，親切的人意外的多。不過，他們出現在電視新聞上，總是帶著一副不開心的表情，甚至還是那種會出現在時代劇裡壞官員的臉。這樣只是拉開了與電視螢幕前選民的距離。這些政治家，應該要更留意自己在電視螢幕上的樣子。在美國總統的電視辯論會上，包括候選人的服裝，以及任何細微的舉動，都會受到大眾檢視。其實每個人平常也都會不自覺地檢視他人的外在舉止。

小泉流手勢的祕密

事實上，小泉前首相也很會善用手勢（肢體語言）。其中最重要的一個姿勢，就是大大地張開雙手，看起來就像是抱住直徑約兩公尺的大樹一樣。

請想像，慢慢伸出雙手，大大地張開的畫面。這個姿勢隱含的訊息是「**我完全接受你**」。小泉前首相會對聽眾做出這個姿勢。這時候，聽眾也會看見他的手掌。他秀出手掌代表「**讓您了解我**」的意思，也是一種表示自己毫無隱瞞的宣告。

由於小泉是政治人物，實際上是不是真的毫無隱瞞也不得而知，但露出手掌、張開雙手的姿勢，能給人一種誠實、可信賴的印象。網路上能找到各種小泉前首相的照片。在很多照片裡，他都是大大地張開雙手，露出手掌的照片也很多，你可以自行上網搜尋看看。

跟他形成強烈對比的是小澤一郎。小澤一郎的照片都千篇一律，很像證件照，只露出臉部。如果有拍到手的照片，頂多是雙臂交叉的姿勢，而這種姿勢傳達出的訊息是「拒絕」。這個結果造成有趣的現象，兩人出現在媒體的照片尺寸大不相同。

小泉純一郎連手都有表情，所以媒體經常使用有照到手的照片，而且由於他經常張開雙手，所以照片的尺寸自然也會比較大。反之，小澤一郎的照片都只有臉部。反正日本民眾都認識他，所以也不需要使用大張照片。照片尺寸不同，讀者看到的機率也就完全不一樣。

那麼，誰的照片會讓人比較有印象？我想答案應該很清楚。

小泉純一郎是連這些細節都想到才這麼做的嗎？如果是，那真的很厲害。附帶一提，他演講時，也經常大幅上下擺動張開的雙手。

小泉的外表色調明亮，動作又大，就跟「船梨精」一樣相當受人矚目，人們也很難不去注意到他。領袖魅力，來自於從內在散發出來的特質，也跟講話內容有關，不過，其他像是姿勢、服裝、色彩以及表情等外在因素也會造成影響。

正如前述，小泉純一郎的外在，讓他擁有其他政治人物所沒有的那種引人注目的特質，人們也從他身上感受到一種獨特領袖魅力的氣質。

我上過一位名師的課，那位老師的風格跟小泉純一郎完全相反。他講課時是蹺著二郎腿坐著，雙臂交叉，一副很了不起的樣子。不過，他這種風格並不會讓聽話者感覺受到尊重。他能在心儀的女性前表現出這種態度嗎？會在尊敬的恩師前擺出這種姿態嗎？如果他重視對方，就不應該以這種方式說話。我很懷疑，這位老師的話，真的能讓不認識他的人聽進去嗎？

以上，我說明了「外表」的重要性。下一章則要來討論「外在環境」的力量。如果能善用外在環境的力量，就能讓別人願意聽你說話。

第三章

善用外在環境力量的技巧

把上台的場地打造成你的主場

我們很可能得在自己從沒去過的地方公開說話，對我們來說那裡即是客場，讓我們處於較不利的情勢。正因如此，必須把場地變成自己的「主場」。

請設想一下足球比賽的情況。球隊在自己國內跟他國球隊比賽時，就是主場比賽，而去其他國家比賽則為客場比賽。主場比賽時，觀眾席上絕大多數是本國球迷，加油的聲音也很響亮，使場上的本國選手也能安心發揮實力。反之，客場比賽時，觀賽的球迷一面倒幾乎都是對手的球迷。我方球員進攻時，場上噓聲四起；我方球員沒能成功進球，球迷歡聲雷動。選手如果不習慣這種場面，就會忍不住分心，無法充分發揮實力。所以，在自己的主場比賽絕對比較有利。

想讓別人聽自己講話也一樣。身處敵人環伺的客場，很可能沒人想聽你說話。就算要聽，也可能是想抓你語病，讓你無法好好說話，或是想批評你。因此，講者一來到陌生會場，首要之務是要「**營造出自己主場的氣氛**」。

前東京都知事[1]舛添要一，由於身陷私用公款的醜聞，而辭職下台。之後，他就漸漸形成身處客場的態勢。之前他都能選上東京都知事了，身邊應該有不少同伴，也一定曾經讓東京成為自己的主場。可是，由於一個醜聞，以及之後接踵而來的負面消息，他在無路可退下只好辭職。看來，他並沒有成功地打造出真正的主場。

1 譯注：即東京都的行政首長。

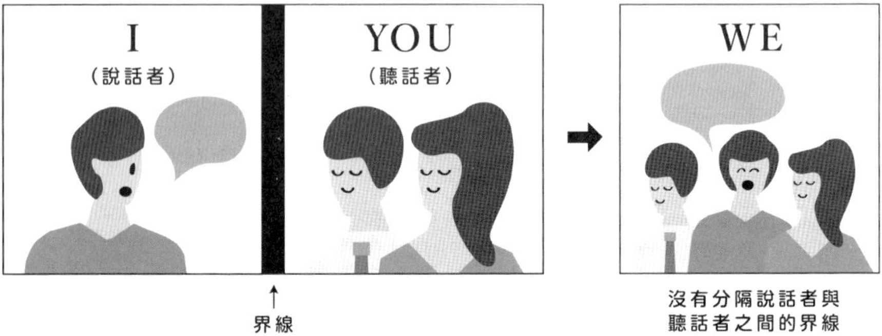

話說回來，講者和聽眾間存在著一條界線，將彼此區分為「I」和「YOU」。「I」和「YOU」完全不同，處於對立關係。我們公開說話時的首要目標，就是要消除界線，讓雙方成為「WE」的關係。

對講者而言，沒去過的地方就是完全的客場。在這種情況下，講者與聽眾間的那條界線不但清晰而且還很粗。對聽眾來說，講者是外來者，說得誇張點，他們對講者會有敵對意識，也會感到不安。他們心想：「他到底要說什麼？」「他說的內容真的對我有幫助嗎？」「反正一定很無聊」。那是因為，他們存有評價講者說話內容優劣的心態。如果在這樣的情況下直接開講，不會有好效果，因為聽眾不會敞開心房，坦率聽進講者說的話。

你認為，就算一開始不太順利，但只要你說的內容夠好，聽眾就能理解嗎？那你真的太樂觀了。正如五二頁所說的，人會一直受第一印象影響。因此，**一開始就要破除人我之間的界線，將場子變成自己的主場。**所以請留意要有一個好的開始。

所謂主場，就是講者與聽眾兩者變為「WE」的狀態，把「I」和「YOU」融為一體。反之，客場就是「I」和「YOU」涇渭分明。如果雙方能變成「WE」的狀態，老實說，談話內容優劣與否也就變得不是那麼重要了。

在「WE」的狀態下，聽眾會認為講者是我們這群人的「代表」、「領導者」，所以心態上會覺得應該要支持這位領導者。就算講者稍微說錯話或搞砸，聽眾還是會覺得他表現得不錯。反之，講者如果一直處於客場的情勢，那麼，不管談話內容多精采，聽眾也不會真正接受他。要是說錯話，還可能被拿來攻擊。

關於這點，有個值得深思的例子。前面提到辭去東京都知事的舛添要一，他太太不適當的反應，也是讓他置身客場的原因之一。當時大批記者來到舛添家外頭，舛添夫人對他們大吼：「我們家的人沒有錯！你們這樣吵吵鬧鬧，讓我們很困擾！」舛添夫人這麼做，等於是讓舛添家跟媒體、社會之間的那條界線，變得更堅固。因此，之後外界對舛添家的批判聲浪愈來愈大，也是沒有辦法的事。

與之相反的例子，是北野武自己在電視上提過的一件事。這件事有點久了，是發生在北野武攻擊《FRIDAY》雜誌[2]的時候。記者前去採訪北野武的母親時問道：「您對這個事件有何看法？」北野的母親卻回說：「我兒子真的是不像話，請判他死刑！」聽她這麼說，記者都笑了：「不用這麼說啦，他還沒有惡劣到那種程度。」在北野武母親這麼說之前，採訪者與受訪者是處於「I」和「YOU」的狀態。但她一句話，就讓情勢突然轉變為「WE」的狀態，氣氛當下變和緩，雙方之間的那條界線也就消失了。後來北野武也在電視上說：「我母親那時候的回應真是很了不起。」

只要聽眾與講者是在「I」和「YOU」的狀態，就會一直處於對立關係，雙方之間的緊張感也會持續下去。所以，對話前首先要營造出「WE」的狀態，這是公開說話時最重要的事。

2 譯注：一九八六年，日本藝人北野武由於不滿《FRIDAY》雜誌對他的報導，率眾攻擊雜誌社。

上台前先到處走走，和大家寒暄搏感情

那麼，如何在一開始就打造出自己的主場？準備工作其實一點都不難。**只要在演講開始前，在會場大廳或會場內走來走去就好**，也就是刻意在演講快開始前，來到會場預做準備。其實，真正的會場準備是更早之前就要做好。一邊為演講做準備，然後一邊帶著笑容，盡可能跟多一點人打招呼，寒暄幾句。當然也要交換名片，和對方握手。

這麼做，之後會發生什麼狀況？

演講開始了，在主持人的介紹下，我走上講台。「歡迎今天的講師小川先生！」這時候，聽眾中會有人拍手拍得比其他人熱烈，他們就是那些我剛才遇到

的人。他們會有這種反應，是因為我們剛才已經先認識彼此了。開始演講後，如果講台上的我跟這些人對上眼，我也會輕輕點頭示意，朝他們微笑，就算只是一時，他們當下也會成為我的大粉絲，在我希望聽眾笑的時候笑，在我期待聽眾點頭時點頭。會場中，到處都有這種反應的人，而這些人也能帶動周遭其他的聽眾。於是，不知不覺間，我就打造出自己的主場了。

如果選擇直到活動開始前一直待在後台，等主持人介紹後才戲劇性登場，換作是吉川晃司[3]的話，用這種出場方式是無妨，但建議普通人最好不要這麼做。要是這麼做的話，即便開始演講後，還是處於完全客場的情勢。

我以前有過一個經驗。演講時，觀眾席第一排坐著一位有點年紀的男性。他

3 譯注：吉川晃司為日本搖滾歌手與演員。

雙手抱胸，一副很了不起的樣子坐著，眼神像是在瞪我一般。我好像能聽到他的心聲：「看這個毛頭小子（其實只有看起來啦）能說些什麼好東西！」

結果，中場休息時我在洗手間遇到他。我主動開口跟他搭話：「啊，您好，今天謝謝您來聽演講。」他在那種情況下逃也逃不了（笑），只好跟我打招呼。

因為發生這麼一段插曲，後半段演說開始後，那位男性的表情和態度就跟前半段有很大的不同。他不再雙手抱胸，而是表情和緩地聽我說話。看來，在洗手間的交談，讓我們的關係從對立的「I」和「YOU」變成了「WE」的狀態。

北野武曾經在出場時，故意在舞台上摔一跤；跟觀眾打招呼時，頭去撞到麥克風，這也是一種作戰方式。藉由一開始讓觀眾發笑，瞬間破壞「I」和「YOU」之間的界線。北野真不愧是專業人士，很清楚營造主場的重要性。不過一般人如果想模仿，可能會搞砸，反而讓自己身處更不利的客場情勢，還請留意（笑）。

比起那些技巧，有個任何人都能馬上做到、不會失敗的方法。那就是「**帶著笑容登場**」。出現在講台時，以嚴肅的表情或笑容登場，給人的印象會有天壤之別。再者，就是第二章也提過的「**注意服裝、姿勢和舉手投足**」。

說到如何吸引別人聽講，很多人都只想到「要說得精采」。他們在談話內容上做了萬全準備，卻沒想到要讓場上的氣氛變得更好。因此，直到演講前一刻都躲在後台拚命背稿，但這不是最重要的事。

更重要的是，作好讓演講場子變成自己主場的準備，**目的是要打破「I」和「YOU」的界線**。能做到這一點的話，就算你說的內容有點無聊，聽眾還是會支持你。

在講台上營造出「WE」的氛圍

好，終於要上台了。我來說明一下，接下來該怎麼做。

這裡會用到的是「吸引聽眾注意力」的技巧。這麼做的真正目的，是要消除「I」和「YOU」的界線，創造出「WE」的狀態。

如果會場很大，請你大動作地揮手並喊著：「後面的人看得到我嗎？聽得到我的聲音嗎？」藉著與離你最遠的人喊話，能迅速消弭你與聽眾的界線。

附帶一提，我會說：「聽不到我聲音的人請揮手。」如果有人揮手，我就吐槽他：「你這不是聽得到嗎？」（笑）

上台後，先花幾分鐘問聽眾一些跟主題無關的事，讓他們有機會舉手，**這是要先讓他們動動身體**。以我為例，我演講時會問：「有人住過英國嗎？」「有人是英文老師嗎？」藉由提問，讓一些聽眾舉手。

問什麼都可以。而且，要像做示範一樣，自己先舉手，這就是祕訣。這麼做比較能帶動聽眾跟著做。除了讓聽眾動口外，也讓他們動動身體，這樣有助於消弭講者與聽眾間的界線，更容易創造出「WE」的狀態。

我再介紹一個技巧，那就是**說跟當地有關的話題**。比如我去北海道札幌演講，會在進入正題前說：「剛才我午餐吃了湯咖哩[4]喔。」這麼說會讓當地的聽眾很開心，畢竟每個人都對自己住的地方有感情。然後，我會再說：「我是去

4 譯注：湯咖哩發源自札幌。

○○店吃的，各位有什麼其他推薦的餐廳嗎？」如此一來，就會聽到有人說這家，有人說那家。

這就是重點，藉由以上的提問能逆轉原本講者與聽眾的關係，營造出一種一體感，成為「WE」的狀態。

年輕政治家小泉進次郎[5]很受歡迎，評價也很高，聽說他去日本各地演說時，會用當地方言跟民眾打招呼。果然是虎父無犬子！另外，人氣編劇家，在導演上也有亮眼成績的三谷幸喜，經常有機會去海外演講，據說他會用當地語言背下自己要講的內容，而且在簡短演講的最後，他會以當地語言說：「我不知道自己現在講了什麼」，這麼做總是能讓觀眾很開心，哄堂大笑。

5 譯注：他是日本前首相小泉純一郎的次子。

想炒熱台下氣氛，就要站在舞台右邊

講者和聽眾的相對位置，對會場氣氛也有很大影響。

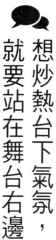

不同的場地，講台位置也不一樣。有的是在舞台中央，有的在舞台左側，有的在舞台右側（以講者面向觀眾席的角度來看）。實際上，講者站的位置不同，演講時的影響力也會有差別。一開始上台，講者最好是**站在稍偏舞台右側的位置**。這樣比較能炒熱氣氛。

請回想一下學校教室的格局。一般來說，如果是從站在講台上面對台下學生的方向來看，教室的格局多半是窗戶在右邊，走廊在左邊。國、高中的教室座位通常是由老師決定，不過，上大學後，都是學生自己選擇位子，也因此呈現出有趣的傾向。比較活潑、愛講話的學生會成群坐在靠窗的位子；安靜的學生則坐在靠近走廊的位子。個性活潑、喜歡團體行動的學生，跟老師比較沒距離。說得難聽點，就是沒大沒小、吵吵鬧鬧；說得好聽，則是容易親近。老師經常覺得這種學生很麻煩，因為太吵了，不過，跟他們對立實在可惜。由於這種學生很快就能跟人親近，因此老師也很容易跟他們形成「WE」的關係。然後，再將他們變成自己的夥伴，如此一來，課堂上的氣氛就會變得活潑。也就是**先從城牆低矮處進攻**的概念。

反之，靠走廊一側的位子，坐的都是比較溫和認真、獨來獨往的學生。他們警戒心比較強，跟他人的距離也拉得比較開。老師如果一開始太靠近他們，反而會讓他們將城牆築得更高。所以，應該先鎖定坐在窗邊，配合度比較高的那些學生。跟他們互動，打造出好氣氛後，再慢慢讓這氣氛影響所有學生。

附帶一提，由於坐窗邊的學生，原本跟他人的距離就比較近，教師可以站在講台正中央稍微偏右的位置。

事實上，我提出的這項方法，是從個人激勵專家石井裕之的觀點中得到線索的。石井裕之著有《放掉「心靈煞車」的方法》等一系列與潛意識相關的著作，他將人分為「WE型」和「ME型」。「WE型」的人習慣從對方的右邊接近。**右側是控制的位置**，想引領他人的人，會從右邊靠近對方；想被帶領的人，則是從左邊靠近。這個原則用於教室，或是用於排成一橫排的人也都成立。

因此，不論是教室、課程會場或會議室都一樣，坐在講台右側（從講者面對觀眾席的角度來看）的人，都是潛意識中想控制台上講師的人。

「WE型」的學生能輕鬆跟老師哈啦：「你今天的衣服很好看喔！」或是

「你的髮型好怪」，他們是藉由先開口，來掌握溝通的主導權。老師可以善用這一點，配合他們，先笑著接受，然後回應。這麼一來，坐右側的這些學生就會感到被重視，你也就跟他們形成「WE」的關係，之後就換你引領他們了。

如果講台原本是擺在舞台偏左的位置，那麼，講台上的你就會變成跟「ME型」的人比較接近。「ME型」的人多是獨來獨往，如果跟講者距離太近，會覺得不太自在，讓他們避之唯恐不及。因此，我不建議講者一開始就站在舞台偏左的位置講話。

如果講台放在舞台偏左處，那就不要管講台，出場時直接站在舞台中央講話。然後，再不經意地先跟舞台右側的聽眾拉近距離。

有個上市公司的董事也有這樣的經驗。

他去大學演講時，由於講台放在舞台左側，他就站在那兒講話，結果聽眾的反應實在不怎麼樣。我告訴他講者與聽眾間的位置關係，他也很認同。因為在那場演講中，他後來偶然走向舞台右側繼續演說，結果，聽眾的反應就突然變好了。他說：「好，那以後演說，我就要先站到舞台右側去。」

附帶一提，**講師面前如果沒有像是桌子般的講台或講桌，講師能比較快建立「WE」的關係**。因為，講台或講桌之類的東西，會成為講者與聽眾間的一道牆。

正因如此，坐在講台後面講課雖然比較輕鬆，但就無法跟聽眾建立起「WE」的關係。

說話時避免與對方正面相視

就算不是演講這種一對多的狀況，在一對一交談時，彼此的相對位置也會有影響。

一對一正是「I」和「YOU」的關係，所以**正面朝向對方，就如同暗示要跟對方對決的意思**，感覺雙方的眼裡會啪嚓啪嚓射出火花似的。

因此，在心理諮商室裡，諮商師不會坐在案主正對面，多數是坐在跟對方呈九十度角的桌子另一側。日本談話性節目《徹子的房間》[6]中，主持人與來賓也是這麼坐。

站著講話也一樣。如果是那種「一留神，才發現我們已經講好久」的情況，兩人應該不會是面對面講話，而是並肩站著，或是和對方以呈九十度的相對位置站著。

古代婦人會在井邊閒聊，也是由於相對位置才促成的。婦人們在井邊洗衣，一定是圍著井形成一個圓，而且大家都在洗衣服，視線朝下，所以沒有人是正面朝著誰，如此一來，彼此間的界線就自然變得模糊，形成「ＷＥ」的環境。

此外，這個原理用在約會的座位安排上當然也成立。約會時，雙方要坐圓桌或方桌都可以，這樣兩人就能以呈九十度角的相對位置相鄰而坐，既可避免對立感，又能拉近距離。只要避免面對面坐的座位就可以了。

如果想更親近，可以選擇吧檯的座位，以身體能接觸對方的距離並排而坐，

6 譯注：由黑柳徹子主持，在ＮＨＫ播出的談話性節目。

當然，彼此間絕對不能放任何東西！（笑）如果能到這種程度，不管你說什麼，對方都會聽（笑）。

反過來想，如果希望雙方維持對立關係，就要刻意正面朝著對方，坐在他的對面。

盡可能每說一句話，眼睛就看向一個人

那麼，跟別人講話時，視線該看哪裡呢？

當然是看著對方。雖然這道理相當理所當然，但其實有很多人都做不到，經常目光是看著牆壁或是虛空（笑）。

如果是對著一群人講話，就不要只看著一個人，**要毫無遺漏看向所有人**。我之前在女子大學教書，這一點更是重要，如果有學生覺得「小川老師老是只看著○○」，就不會再聽我講課。

我來介紹一個錯誤例子，這是很常見的狀況。

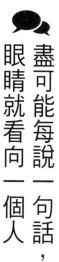

男性跟一位以上的女性一起吃飯時，經常會看著其中最漂亮，或是最喜歡的人講話。把其他人都當空氣。這麼做完全不對！

被盯著的女性會發現，其他女性也會發現。被盯著的女性，也會在其他女性面前非常不自在。沒注意到這件事的，可能就只有這個男性……這是很多男性常有的問題。

不過，因為少數人的關係而不能平等對待其他人，就無法建立「WE」的關係，甚至還會成為紛爭的源頭。所以，對一群人說話時，視線要毫無遺漏地看向每一個人。那麼具體來說，要怎麼做才能看著每一個人呢？

要訣是「**說一句話，看一個人**」。看著一位聽眾時說一句話，再看向另一位說一句，然後再看向另一位聽眾說一句話。這麼一來就能看到很多人。

至於移動目光的順序，不是依照聽眾座位一個接一個，而是比如先看向右後方的聽眾，接下來看左前方的聽眾，再來則看向坐中間位置的人……就像這樣，以前後左右交錯的方式移動目光。這麼一來就能讓所有聽眾都感受到，你有注意到每個人，更能建立起「WE」的關係。

不過，要是會場很大，人數過多，講者當然就不太可能一一注視到所有人。這時候，可以優先看反應比較熱烈的聽眾，看的順序同樣也是前後左右交錯。看到比較有反應的聽眾，講者也會比較安心，心情愉快地說話。場地大也容易讓人比較緊張，因此，視線的移動方式更是重要。

附帶一提，台下如果有抱著雙臂、姿態傲慢的聽眾，會讓講者很在意。總之，演講時就不要去看他們，以免影響心情（↓對應這種聽眾的方法，可參考八八頁）。

很多老師講課時，只會看著坐在前排、聽課認真的學生，不過，這就跟前面提到的只看心儀女生的男性一樣。這麼做，會讓坐在後面的學生覺得老師不在意他們，所以吵吵鬧鬧或是做其他什麼事都沒關係。所以，老師講課時也要確實看著坐在後面的同學，藉此也跟他們建立起「WE」的關係。

前述的「說一句話，看一個人」的方法，可能也有人聽過。不過，一句話沒說完前，真的應該一直看著同一個人嗎？實際做的話，就會發現有點困難。以日本人的個性來說，一直盯著一個人看，或一直被盯著看，都會讓人覺得尷尬，句子太長時尤其如此。那麼該怎麼做才好呢？

重點放在句子最後，**選在一句話快說完之際看著聽眾的眼睛**，好讓對方認同地點頭。不，或許該說是，選在對方會點頭的時機點看向他。如果是在這個時機點看著對方時，就不會覺得尷尬了。

第四章

立刻派上用場的說話技巧

正式開講前，先深入聽眾的潛意識

本章要介紹實際說話時能用得到的技巧。

首先我要介紹一個方法，能讓聽完課的人說：「今天的課程真的很棒！」你或許會懷疑這有可能嗎？但方法其實很簡單。

「今天要講的內容相當精采喔。」

「今天說的內容對你很有幫助喔。」

只要在演講一開始這麼說就好，這些話就能留在聽眾的潛意識裡。等課程結束後，他們自然就會覺得「我聽到了很精采的內容」、「這些話對我很有幫助」。因為**一開始接收到的這些話，會留在他們腦中的某個角落，進而產生影響**。

不過，重點是要在聽眾還不是那麼專注時拋出這些話。如果聽眾已經準備好要聽講了，這些話反而進不了他們腦中。所以要在進入正題前，聽眾還沒做好聽講準備時說，可以說就是一種突然將概念拋進聽眾腦中的感覺。

再者，這個方法如果要成功，講者自己要先放鬆，這麼一來，聽話者也會跟著放鬆，這時就能讓他們接收到訊息。所以，要是等到主持人將麥克風拿給你，你跟大家問候後再說：「今天我要說個有趣的事！」就已經沒有效果了。在這樣的狀況下，這句話進不了聽眾潛意識裡，反而會讓他們心生排斥。

這是一個簡單卻又非常有力的技巧。事實上，在進入正題前引導聽眾的這個技巧，是潛意識專家石井裕之教我的。我學會後，已經在演講等場合中運用過很多次了。

有一次，我在對男性聽眾說明男女溝通的方法時，一開始就說：「聽完今天的演講後，你們會想去酒吧喔。」演講結束後，就有好幾名男性說：「我想去酒吧小酌一下耶」，結果他們真的就去了（笑）。這個技巧真的非常有用，推薦給大家。

自言自語式的讚美法

這世上有些人疑心病很重，聽了別人的話，也不會按照表面的意思照單全收。那麼，要怎麼稱讚這種人？必須得選在他們鬆懈心防、放鬆時說，這種時候他們才會敞開心房，比較聽得進別人的話。

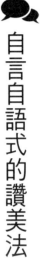

比方說，你有一位下屬個性彆扭，你若當著他的面說：「你最近簡報做得很好喔！」他可能會說：「沒有啦。」或是想得很負面：「他這麼稱讚我，是不是別有居心？」不過，同樣一句話，如果你是在會議結束，下屬從你面前經過時說，就能瞬間順利傳達給對方，重點就是要在對方沒有心理防備時說出口。

我曾經舉辦過以教師為對象的課程，教這些老師怎麼讓別人聽他們說話。許多國小、國中老師，都因為學生不聽他們說話而煩惱，導致他們老是在訓話，或是學生連讚美或鼓勵也聽不進去等。要解決這個煩惱，果然還是自言自語作戰法最有效。

比方說，有位山田同學，不管是在教室也好，或者你把他叫去生活輔導室談話也好，總之他就是不聽你說話，可是你有想讓他知道的事。這時，可利用跟他在走廊擦肩而過的機會說。比如，與他擦肩而過之際，可以像是自言自語地說：「最近很努力喔。」由於學生這時處於不設防的狀態，這句話就能順利進入他腦中。對於平常不能接受讚美的高傲學生來說，這個方法很有效。

約會時也能使用這個方法，不過，這是給女性用的技巧。當對方請你享用美味的一餐，你想表示謝意，並也想擄獲對方的心時（笑），就請使用這個技巧。視線望向遠方，然後像是不經意說出心裡話似地喃喃自語：「（表現出很陶醉的樣子）這是我第一次……」

重點是不看對方，像是自言自語似的。聽到這句話，對方肯定無法招架，他會覺得，「她是在自言自語，所以一定是真心話」。這絕對不是客套話，不是要討我開心的話，而是真心話。

說句題外話，這句「這是第一次」用在男性身上尤其威力強大。正因如此，電視廣告也常用。我也在電視上看過搞笑藝人說過類似的話。

假設有個狀況是，參加宴會的人想讓主辦者知道自己玩得很開心，那麼，就可以在要去洗手間起身時，自言自語地說：「今天來這個宴會真的好開心啊」。當然，要使用這方法，音量不能小到連想傳達訊息的對象都聽不見。要是聲音太小，對方聽不見，那就真的是自言自語了（笑）。

「題外話」的強大力量

這是一位女性朋友跟我說的。她考大學時，選擇世界史做為考試科目之一，之後也考上很難進的大學。想當然耳，她高中時絕對是非常認真讀世界史，不過據說現在什麼都不記得了。她說：「真要說的話，我現在只記得一件事。那是世界史老師上課時說的『題外話』，那是一句中國諺語。我當時一聽到，就寫在課本的空白處，因為是很好的話，直到現在我偶爾還會想起來。」

雖然忘記了重要的內容，卻還記得題外話，這樣的事很常見。那麼，各位還記得前一小節的題外話嗎？（參考一一一頁）是關於「這是第一次」這句話的用法用在男性身上的內容。

只要聽到「說句題外話……」，我們就會不自覺地豎起耳朵。就算不想聽正題，也會想聽題外話。因為題外話跟正題不同，內容較短，也可以輕鬆聽。

不過，**說題外話也有適當時機**。如果在對的時機聊題外話，就能更有效地讓對方聽進去。這個時機點，就是**聽話者注意力開始不集中的時候**。講者這時可以用「說句題外話……」或其他類似的話當發語詞，然後再開始說。

一聽到「說句題外話」，之前沒在注意聽的人也會抬起頭來，看起來很想睡的人也會馬上豎起耳朵，而這正是題外話的力量。沒錯，題外話就是要讓聽話者重新集中注意力的「紅牛」（啊，紅牛是新一代的能量飲料，如果是大叔的話，用「力保美達」[1]來比喻也可以（笑）。

1 譯注：紅牛（Red bull）和力保美達（Lipovitan）都是日本販售的能量飲料。

等說完題外話之後，再回到正題。不過，這裡有一個更重要的重點。若是題外話處理得好，之前沒在認真聽的人，也會從這裡開始聽。因此，**回到正題時，請簡單歸納一下之前的內容。**如此一來，之前沒專心聽講的人，也能參與你接下來要說的內容。

聽眾是善變的

聽眾比講者想的還要善變薄情。不過，人本來就不會聽別人說話，所以這也是沒辦法的事。

接下來要說的情況，是很多人開心聚餐時經常會發生的事。

有一次，我和朋友去一間義大利餐廳。我剛好有個很有趣的笑話，就說給大家聽，大家也一副很感興趣的樣子聽我說。我說著說著，漸入佳境，終於來到最重要的部分！

這時，服務生來了。「這是瑪格麗特披薩，請趁熱享用。」

於是，想當然耳，話題完全中止，我的笑話就這麼被攔腰打斷了，當下可說是青天霹靂。

「好，等等再回到剛才的話題吧……」傷心的我也只好振作起精神。呃，可是好像沒辦法了，畢竟大家都吃得很專心。他們一手拿著披薩，一邊隨意聊著。當場都沒有人問：「話說回來，你剛才說的事，後來怎麼樣了？」沒有人想知道笑話的後續。

是的，我那個精采笑話就這麼沒了。

這種情況經常發生。說話者沒機會說到精采重點，話題就突然結束，所以心情沮喪（笑）。而另一邊，聽話者早就忘記，說話者那時是如何努力表達想和大家分享的話題。

聽眾就是如此善變薄情。

不過，聽眾有這種個性一點也不稀奇，倒不如說是理所當然。正因如此，說話者得要先理解這點才行。

最有趣的部分要先說！

「壽司要從海膽先吃！」，雖然這裡提到的是海膽，但換成鮪魚也行，可能也會有人說：「我是從章魚先吃！」（笑）。我想要表達的是，吃壽司時要先吃最喜歡、最美味的那個。若是換成說話，就是「**要先說最有趣的事**」。

我這麼講，一定會有人說：「咦，那太可惜了吧」，而想將最有趣的話放在最後再說。但是，所謂的「最後」，究竟是什麼時候？真的一定會有那種時候嗎？實際上，就像前面提到的披薩事件一樣，也是會有錯過時機，沒能說出精采重點的狀況（笑）。

再者，不論是演講或開會，都會有人中途離席。如果在他們離席的那個時間點，你還沒說到有趣或重要的話，那會怎麼樣？他們會在沒有收穫的情況下回家，只留下「你說的話不怎麼有趣」的印象。

不過，如果一開始就聽到有趣的話題、有用的資訊，就算只有一個也好，他們也會覺得今天出席演講很值得。

愈是不習慣公開說話者，愈是該注意這點。正如前一節提到的，聽眾是很善變薄情的。即使覺得話題好像很有趣，也很容易因為一點小事而分心，更別說如果一開始就覺得無趣，當然就更不想再聽下去了。那些中途離席的人裡面，也有人是因為這種理由而離開吧。

假設一開始吃的壽司不是怎麼美味，接下來登場的也馬馬虎虎，當然會讓人想早點吃飽走人。反之，**如果一開始就知道講者的話很有趣，之後就會認真聽**，期待接下來會不會再出現有趣的內容。就像一開始吃到的壽司如果很美味，就會覺得這家店水準很高，也會期待其他口味的壽司。所以，開頭絕對不能低調，最後再讓聽眾感動的這種外行人想法。

這個原則也適用於自我介紹。有人自我介紹時，總是會先從學歷說起：「我畢業自〇〇大學……」。這資訊對在場其他人而言，真的是需要優先知道的資訊嗎？如果聽話者一開始就覺得「這個人的話不有趣」或是「這個人跟我無關」，就會關起耳朵來，不想再繼續聽下去。

因此，**一開始引起聽話者的興趣非常重要**。很多人以為，談話的節奏最好是慢慢加溫，然後愈來愈熱烈，最後再來個高潮，所以把想說的重點全放在最後。不過，前提是聽眾要能一直聽到最後才行。

但幾乎在所有情況下，如果講者一開始說的話很無聊，聽眾就不會想再聽。如果你有有趣的話題，不要覺得用了可惜，請一開始就拋出來。

如此一來，聽眾就會覺得，接下來應該也能聽到如此有趣的話題，而專心聆聽了。但事實上，也可能不會再出現一開始那種程度的話題了（笑）。

話語間的留白並不可怕，反而很重要！

演講新手最怕的就是話語間的空白。演說時，會有那種突然安靜的瞬間，一旦出現，講者就會很慌張，不知道該怎麼辦才好。

不過，在以創造「WE」關係為目標的溝通中，這種話語間的留白是相當重要的，是不可或缺的存在。所以，**應該要有意識地製造留白**。要是對此感到害怕，未免可惜了。

當演講中出現空檔，講者自然就能看到聽眾的表情。無論對方是否滿意、理解，或感覺無趣，都能從表情中判斷出來。沒錯，**話語間的留白就是用來解讀聽**

眾的表情。

講者這時候如果想得到更真實的回饋，可以利用一點小技巧，一些就算做了也不會讓人太在意的舉動。比如拿出手帕擦汗。如果是演講，可以停下來喝一口水，或是脫掉外套。這麼一來，聽眾也會放鬆下來，然後講者再趁機觀察他們的表情。

如果講者的談話讓聽眾感到滿意，他們的表情當然就會是很愉悅的，也不會有人打瞌睡。不過，如果會場內氣氛沉重，就表示聽眾覺得無聊或聽不懂。這時，講者可以刻意說些題外話或閒聊，以改變現場氣氛（參考一一二頁）。總之，要看聽眾的反應臨機應變。

對公開講話的新手來說，要做到這點可能很難吧，尤其如果是求職面試等場合，也沒有那個閒情逸致來聊題外話。

不過，重點是只要話語間有空檔，就要好好觀察對方的表情。事實上，會害怕留白，就是很在意別人怎麼看自己。這樣的人看似心裡有聽眾，但其實並沒有，他們只在意自己而已。

看著聽你說話的人，就是認同他／他們的存在，相對地，你心中的自我就會變小，心情也因此能平靜下來。而且想到對方，自然會表現出對對方的尊重。

透過認同對方的存在，而在意對方的表情，才能形成「ＷＥ」的關係。創造話語間的留白，就是為了這個目的。

「破冰」是為了建立「WE」的關係

在研討會時，經常使用「**破冰**」一詞，意思是指「讓情緒緊繃的參加者敞開心房」。事實上，破冰正是以強烈手段去破壞「I」和「YOU」之間的界線。如果認為它只是一種緩和參加者緊張情緒的方法，未免太可惜了。

要打破界線，可以**讓對方動動身體、發出聲音，以及開懷大笑**。

「**猜拳**」就是一種簡單有效的破冰方法。你可以先準備一些禮物，例如伴手禮或零食，玉米棒也不錯，又不用花什麼錢（笑）。如果有著作的話，簽名書就是最好的禮物。不過，沒有禮物也無妨。

假設有準備禮物的話，可以秀出禮物說：「請大家跟我猜拳，贏的人就有禮物可以拿。」動作愈大，愈能有效打破和聽眾的界線，因此可以試著邀請聽眾站起來跟你猜拳。然後，請最後的贏家來到台前。這時，你要來到聽眾席帶著他上台，這些行為都是為了打破界線。上台後，你就親手把獎品送給贏家，跟他握手，也可以請他說幾句話、跟大家打個招呼，這麼做當然也可以打破界線。

如此一來，會場內的緊繃氣氛就會變得輕鬆。隔在雙方之間的界線消失，你跟聽眾間已經形成「WE」的狀態。

在嚴肅的會議或某些場合中，猜拳這招或許行不通，但也有其他打破界線的方法。比如說，會議資料不要一開始就擺在每個人桌上，而是分別親手遞給與會者，或是準備好幾種飲料讓他們選擇。

善用破冰技巧，就能讓場內的氣氛在一開始處於「WE」的狀態。

這句「就是現在吧！」的魅力

「就是現在吧！」以這句話在日本造成風潮的補習班講師林修，現在儼然成為家家戶戶的偶像（？），最近在各種電視節目上都能看到他。

為什麼這句話如此打動人心？那是因為句子簡短。

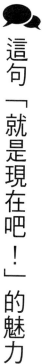

句子短，人就容易聽進去。因為容易聽進去，也就容易進入潛意識裡。一旦啪地進入潛意識裡，就難以忘記。

再者，由於在電視廣告中一直不斷聽到，這句話就這麼慢慢潛入腦海深處。而且，這句話的語意很單純。單純擁有強大的力量，連小孩子都能很快理解，可以馬上當成自己的話來用。不過，就算不了解某個詞句的意思，它還是可能進入我們的潛意識裡。

小泉政權時代的「郵政民營化」就是一個例子。當時，就算不是很清楚這個詞的意思，但每個日本人都知道這個詞。

要創造出讓人容易記住話語的條件是：①語意單純的短句；②一直不斷被重複，這是讓話語能進入聽話者潛意識的重點。符合邏輯，但有點複雜的內容，只能停留於人的意識表面。風一吹，它就飛走；睡一覺，就完全忘光了。但如果進入潛意識裡，就算風吹，就算睡一覺也不會忘記。而且，還會在某個時刻蹦出來，在不知不覺中成為我們自己的語彙與思考方式。

要傳達重要訊息時，這種「短句、重複」的作戰方式很有用。

各位知道所謂的「金句」（sound bite）嗎？

這是廣電媒體術語，意指「能抓住聽者的言詞」，特別是指那些大約十秒就能講完的訊息，這正好是新聞等媒體比較容易引用談話片段的長度。了解這一點的政治家在傳達訊息時，就會直接使用金句。

前面提到小泉前首相的「郵政民營化」就是金句，當時不管看什麼新聞，都能看見他提到這個詞的畫面。於是，這個詞就這麼深入人心。另外，美國前總統歐巴馬的「Yes, We can.」也是金句。講者如果要傳達訊息，並且讓別人記住，就要使用短句。

不過，這一點意外的困難。很可惜，教師和講師這類知識分子不太擅長這種表現方式，經常一個不注意就用難懂的方式表達想法，寫出來的文字也經常很複雜。而且，由於語彙豐富，會用很多詞來代換，不會單純重複一個詞。結果，明明是做傳達想法的工作，卻讓人無法吸收他所說的話。

不要學播報員的說話方式

看到電視裡說話字正腔圓的播報員[2]，不少人會很羨慕地認為：「好酷啊！」「我如果也能像他們那麼說話就好了。」不過，**一般人的說話方式不必像播報員一樣**。不只不必要，這麼做還會扣分。因為播報員說話的方式很制式。說到底，一般人並不會像他們那樣捲舌和發聲吧？他們的一言一語，都是出於工作需要，當中不包含個人情緒和想法，也並非是真心話，只是以播報員的身分所說的話。

但是，花金錢和時間來聽演講的人期待的是什麼？不就是講者的真心話嗎？所以，演講不需要像播報員那樣講話。要是聽到那種說話方式，聽眾會聯想到這只是形式上的談話，感覺很表面，沒什麼誠意。

要讓聽眾感受到講者個性的話，不是表面上說著一口漂亮的話，而是脫掉西裝、鬆開領帶後說的話，那才是聽眾真正想聽的。

話說得流暢漂亮，跟內容是否有趣、聽眾是否感到滿足都無關。說話者不需要在意能否以漂亮的發音，流暢不打結地說話，也不需要用很酷的說話方式。比起這些，更重要的是談話內容是否符合對方期待。想讓別人聽你說話，應該優先考量這一點。

2 譯注：日本各大電視台都有所謂的播報員。播報員不等於新聞主播，在報導性節目或綜藝節目裡都有播報員負責解說、旁白的工作。

想讓聽話者印象深刻，要不時地拋出問題

不但要讓別人聽你說話，還要將話留在心裡。該怎麼做才有效呢？

為了把話留在對方心裡，就要創造出那些話的立足之地。其具體作法是，說話時要不時地拋出問題。因為，**人只要聽到問題，大腦就會開始去想**。只要別人提問，就會想要回答。

「各位知道這件事嗎？」

「你聽過這件事嗎？」

一聽到講者這麼問，聽話者自然會在意是什麼事。一旦在意，就會想繼續聽下去。打個比方，講者如果一開始就說：「有一個詞叫做『金句』，這是個廣電媒體術語，意指……」，這樣根本無法吸引聽眾。

反之，如果是拋出問題：「各位知道『金句』這個詞嗎？」就給了聽眾想一下的機會。

藉由想一下的過程，這個詞就會留在聽眾腦裡。這麼一來，這個詞有朝一日就會變成聽眾自己的東西。**講者光是靠單向的說明，是無法讓說出來的話留在聽眾心裡**。正因為如此，說話時要頻繁地拋出問題。

不過，要是問題太簡單或太無聊，會讓人覺得不耐煩。所以，請一邊觀察對方反應，一邊調整問題難度。最好是那種聽眾也很難說自己到底知不知道、懂不懂的問題。

附帶一提，您知道嚴肅的新聞節目也有類似作法嗎？近年來，多數日本新聞節目都同時設有主持人與助理主持，這是為了要產生互動。

比方說，主持人說了什麼後，助理主持針對內容提問，然後主持人再回答。這樣的互動，就能讓談話內容留在觀眾心中。如果自己一人說完全部的話，就沒有將話留在觀眾心中的餘地。哪種作法會讓聽眾比較好懂？答案很清楚吧。

故弄玄虛，製造說話空檔

即便不用提問也能達到上述效果的方法是，只要**故弄玄虛**就行。

以電視節目來說，就是在氣氛熱烈之際進廣告。「答案就在廣告後揭曉！」觀眾一聽到這句話，即使是原本不太感興趣的事，都會想盡早聽到答案。若是能留點時間給觀眾思考，他們愈是對答案好奇。

反之，要是提問後馬上公布解答，觀眾就會左耳進右耳出，聽了什麼完全記不住，船過水無痕。所以，講者提問後要故弄玄虛，留點時間給聽眾，他們才會更急著想聽下去。

話說回來，想故弄玄虛就要製造空檔。而這種空檔的使用方式，跟一二二頁提到的「留白」有點不同。當然，製造出空檔後，可以藉此觀察對方反應。不過，這裡的重點是，**製造空檔，是為了讓聽眾有時間思考**。

在談話中製造出空檔，是要幫助聽眾理解。所以，如果講的是簡單易懂的內容，就沒必要這麼做。反之，講話速度很快的人，講話內容也常讓人聽不懂。而且，講話快的人個性也急，說話間的空檔自然也少（不對，搞不好連空檔都沒有），因此，他們的話不好懂。

事實上，要故弄玄虛，除了在談話中製造出空檔，還有其他很厲害的方法。這是我的獨家密技，只在這裡說，請你務必保密。

喔，好像會聽到很厲害的內容耶，是什麼呢？

啊，我想你應該知道了吧。

前面那一段話就是重點。不過我還是把答案秀出來吧，畫線的部分就是可製造故弄玄虛效果的方法。

「事實上，要故弄玄虛，除了在談話中製造出空檔，還有其他很厲害的方法。這是我的獨家密技，只在這裡說，請你務必保密。」

如果對方大量使用這種表現，那麼就算一條二十萬日圓的羽絨被，好像也買得下手了（笑）。

說話的原則是「放慢速度」、「咬字清楚」

講話時要避免速度太快。原因之一，是正如前一小節提到的，若是談話間沒有空檔，聽眾比較難理解你說的內容。

再者，**講話速度太快會讓對方感到很緊張**。超市限時特賣的廣播，講話速度又快又有氣勢，讓顧客聽了備感焦慮，有種現在不買就買不到的感覺。講者如果用這種方式說話，聽眾就無法冷靜下來聽，還會愈聽愈跟著緊張了起來。這麼一來，不管聽了什麼內容都聽不進去。

講話速度快的人有幾種類型。首先是沒自信的人。這種人正是因為沒自信，所以想快快講完話閃人；再者是聰明人。這種人的說話速度經常也很快。

日本有個由明石家秋刀魚主持的節目，找來很多東京大學的學生參加。節目中曾提到東大生講話速度快的話題。有位東大生說，他是由於講話內容太多，所以說話速度才變快。正是如此，頭腦轉得快的人，想的事也比一般人多，轉化為語言後就變成講話速度快。另外，可想而知，個性急的人講話速度也快。不過，這種人會因為個性急而出錯，口齒也不清晰，聲音不清楚，結果讓人很難聽懂。

不論哪種情況，聽講話快的人說話都不輕鬆，反而會成為問題。這種人就是只站在自己的立場說話，沒有考慮到聽話者，如此無法建立起「WE」的關係。

尤其之後社會上銀髮族會愈來愈多，他們的聽力比較差。再者，國內的外國人應該也會增加吧。大學校園裡也是，雖然現在都是年輕人，但之後年長的學生應該也會愈來愈多。在這樣的時代，**以誰都能聽懂的方式說話，才是能跟別人建**

立「WE」關係的說話方式。

不過，說話速度快也不是沒優點。速度快會帶來緊張感，因此，在必須製造緊張感的狀態下就適合說快一點。如果整場都慢慢說，聽眾也會聽到快睡著，所以偶爾可以講快一點，製造出節奏感。

然而，要刻意加快說話速度時，就必須也同時設想好能讓聽眾聽清楚的對策。而且，要確實在談話間製造出留白（參考一三六頁）。就算說話速度快，但如果中間有一些留白，就能幫助聽眾理解。

第五章

讓別人想聽你多說一點的技巧

以PREP的內容結構，最能讓人聽得懂

本章要來說明如何建構演講內容的方法，和上台時該做的心理準備。

你所說的話要讓別人容易聽懂，必須特別留意內容的鋪陳，也就是結構很重要。要是你想什麼就說什麼，內容散漫毫無章法，這是很輕率的作法，也很可能讓聽眾無法理解講者到底要說什麼。因此，演講內容必須要有完整的結構。

那麼，要如何架構出讓人易懂的內容？請使用「PREP法」。

PREP是由三個詞的頭一個字母組成：P是「Point（要點）」，R是「Reason（理由）」，E是「Example（實例、事實）」。開場時先陳述要點

（P）：「今天演講的要點是……」、「今天我要說的是……」，接下來說明理由（R）：「為什麼我要談這個，是因為……」，然後舉例（E），提出可做為根據的事例，以說明如何導出結論和理由，最後再回顧一次要點（P）。

這就是所謂的「PREP法」。談溝通和說話術的書，幾乎都會提到這個方法。很多人覺得「這種方法我也知道啊」，不過，實際說話能否以此結構鋪陳內容，又另當別論。因為日本人陳述事情的方式不是PREP結構，而是「起承轉合」。從小學開始，以「起承轉合」作為內容架構已深植每個人的心中。因此，**日本人講話時很容易會以起承轉合的方式展開**。問題是，這樣別人很難聽懂你要表達的想法。

說話者一開始會從完全無關的話題切入，有時候說著說著，還會講到跟自己話題完全不同的方向去，完全離題。甚至有些講者說得太過開心，結果還沒進入主題，時間就到了。在大學教授的會議上，有些年長教授的發言經常會有這種狀況。他們一開口先從「本校的創校精神」談起，結果講了很久，都還沒提到自己的主張（笑）。

這麼一來，別人自然不會想聽他們說話。因此，一開始就必須從要點（結論）切入。如果是以PREP結構來陳述，就算中途被打斷，還是能順利傳達自己想說的話。不管當場的討論太熱烈時、時間不夠時，你還是能讓聽眾知道你的重點。而且，PREP是世界各地都適用的標準。

講個題外話，以前日本人學習英文寫作有個方法，是將《朝日新聞》的「天聲人語」專欄譯為英文。不過，這個專欄的文章是典型起承轉合結構的文章，因此，就算英文文法再怎麼正確，給西方人讀，他們還是無法理解。那是因為這類文章沒有結構。以前很多人會以為，只要將每個詞都代換成英文，就能讓英語讀者讀懂，其實不然。

將內容分解成多個小單元

「我想聽你再多說一點。」

對講者來說，沒有比聽到這句話還高興的事。或是還有演講結束時聽到聽眾說：「咦？已經講完了嗎？」「啊，這場演講好有趣，真開心，很期待下次的演講。」為了達到這種效果，可以參考綜藝節目的流程。

綜藝節目通常是由幾個不同主題的單元所構成，這種結構也可以套用在談話上，就是將談話內容模組化，**將整體分解成若干小單元的意義**。比如大學一堂課是九十分鐘，那麼就以綜藝節目進行的方式，來安排這九十分鐘的課程。

以英文課來說，一開始的十五分鐘由老師講課，接下來十分鐘讓學生做題目，然後再花十五分鐘解答，接著是發音練習……就像這樣，以五分鐘或十分鐘為單位都可以，用一個接著一個的小單元去變換內容。在這樣的結構下，學生就不會膩，一直到最後都能跟上老師的節奏。

這個方法用在演講也很有效。演講經常有從頭到尾都是講一個主題的情況。即使只有一個主題也無妨，只要將全部內容拆解成若干小單元就好，這樣才不會讓聽眾覺得冗長。因此，整場演說會有好幾次的開始與結束，也就比較不用擔心聽眾遲到或早退。要是講者滔滔不絕說個沒完，聽眾不曉得哪裡會暫告一段落、什麼時候才結束，只會聽得很痛苦。而且，只要有哪個地方聽不懂，那整場演講對他來說就完全沒意義了。以學校的課程來說，日本史和世界史的老師特別會有這種問題。

不過，在安排單元時有個小訣竅。那就是要**讓參加者在聽講過程中，去變換**

一直使用的感官。

比如說，一開始先讓他們用耳朵去聽，然後動手寫在紙上，接著是開口念出聲來，最後讓他們站起來說，這就是從「耳↓手↓口↓身體」，改變運用的感官。這麼做能非常有效地讓聽眾覺得聽講的時間很短。因為當聽眾某個感官的感覺疲乏之時，就換成其他感官，因此能幫助他們集中精神。如此一來，就會覺得演講一下子就結束了。

在閒聊中插入想傳達給對方的訊息

老師、主管和父母曾說過很多話，但我們現在仍然還記得的，卻是他們閒聊或題外話的內容。一一二頁也提過，題外話就是有這麼大的力量，讓人即使過了幾十年也不會輕易忘記。

因此，說話時只要善用閒聊的力量，對方就能確實將你的話聽進去。那麼，應該要怎麼做？就是**在閒聊中穿插真正想傳達的訊息**。

像是有點奇怪的商業課程，就很會運用這個方法。事實上，我因為一些理由也參加過這種課程。課程中見證者（因為該公司推薦的商業模式而成功的人）一一出場，暢談自己的成功經驗。在他們的經驗談中，不時會穿插一些跟主題無關的閒扯。例如，有位看起來很有錢的男士，上台說明商業模式及其意義（他雖然是以參加者的身分說話，但其實是課程主辦人）。不過他卻在嚴肅的說明中，突然冒出一句：「老實說，我真的很會亂花錢啊。前陣子，我又忍不住衝動買了一輛進口車。」這麼一來，聽眾就只會留意這句話，心想：「喔，他賺這麼多啊，還有能力買進口車！」而就中了對方的圈套了。

講者會這麼說完全是有意的，他是利用閒聊進入聽眾的潛意識。如果是在講正題時說：「我做這個事業很成功，現在已經晉身為進口車階級了。」聽眾根本不會認真地把他的話當一回事。正是因為聽起來像是不小心說溜嘴，聽眾才會格外在意。

聽眾對講者的私事，總有一種愛湊熱鬧的反應，在學校上課也一樣。老師講課時，學生興致多半不高，但要是老師突然來一句：「之前我約會時……」，學生就會很有興趣地豎耳傾聽。

閒聊正是因為跟個人的事有關，所以才有趣，大家也會有興趣聽。若想在閒聊中帶進真正想傳達的訊息，祕訣是要講得像在聊個人經驗一般，所以，我前面才寫得好像我去過那種怪怪的課程似的！（笑）

聽眾知道的事占九成，不知道的占一成

聽演講時，如果從頭到尾都聽不懂內容，會跟不上講者的話，無法進入狀況；如果全部都是已知的內容，又會覺得很無聊，沒有興趣聽。

「這個我知道，這個我知道，這我也知道。咦？這個不知道。」如果講者的話裡面有一些聽眾不知道的內容，便能呈現出這樣的平衡感，聽眾就會很樂意聽。

雖然這篇文章的標題是說「九比一」，但其實「八比二」或「七比三」也無妨。重點是，**要不時出現聽眾會感到意外的內容**。

在英語教學界中也有一說：學習者讀英文文章時，不知道的部分最好占文章的一〇%左右。要是文章裡全都是自己不懂的文法和單字，那就沒辦法讀。不過，若是全部都懂，學的人就沒什麼幹勁來學，教的人也提不起興致。九〇%懂，代表雖然了解文章意義也讀得懂，但還有一〇%不懂，所以仍保有疑問，這種平衡感就能激發學習意願。

演講也是一樣的道理。稍微夾雜一些聽眾不懂的事，他們會忍不住想知道更多，甚至拿出手機來搜尋。但如果不知道的事情比較多，聽眾很可能就會放棄，也不會拿出手機查詢。

另一方面，台上的說話者，有不少是服務精神強烈的人，會覺得或多或少要提供聽眾一些新資訊。然而，若是連不需要的資訊也一股腦兒塞給聽眾的話，反而會帶來反效果。

新的資訊、原創的東西，占全部內容的一〇%左右就好。這樣聽眾不是能聽得很輕鬆嗎？這個比例，大概就是一個小時的演講中有六分鐘是在講新東西。在這六分鐘內說自己真正想傳達的事，或是說自己原創的東西，只要能將這六分鐘內容好好傳達給聽眾，這場演講就算是大成功。

用選項誘導，讓對方不知不覺跟著你走

講者想誘導聽眾往期待的方向前進時，該怎麼做才好？只要讓聽眾加入話題，一起來選擇就好。

如果是跟財富有關的課程，就問聽眾：「你們想要賺大錢嗎？」、「還是一直窮下去也沒關係？」會參加這種課程，應該都是想要變成有錢人吧。

接下來再問：「你覺得成為有錢人很難嗎？還是很簡單？」幾乎所有人都會舉手選困難吧。這時講者再說：「其實很簡單喔。你想知道方法嗎？還是不想？」只要有人提供二選一的選項，人都會想從中選一個，而且還以為選的答案就等於自己的想法。

其實選項可能不只兩個，或許還有其他更接近自己想法的，不過，一旦提出二選一的選項之後，就會誤以為那是自己的想法，這是非常狡猾的方法。但要留意課程中不要一直使用這個方法。但如果能善用這個方法，會是很強的武器，能讓別人好好聽你說話。

話說回來，這個技巧比大家所想的還常運用在生活中。你想知道什麼場合會用到嗎？還是不想知道？（笑）

這是一位女性朋友告訴我的事。某天，她去服飾店買洋裝。她找到了喜歡的洋裝，試穿後也很滿意，就跟店員說要買下那件洋裝。結果店員卻又拿了一件白色的羊毛衫給她：「這洋裝搭上這件羊毛衫後，感覺會不太一樣，很好看喔。」我朋友說：「這羊毛衫的確很可愛，但我今天只是要來買洋裝的。」結果店員說：「您看，換不同顏色，感覺又不太一樣喔。」說著又拿來橘色和藍色的羊毛衫讓她試穿。

在這過程中，我朋友已經變成要選擇羊毛衫的顏色，她跳過了要不要買羊毛衫的階段，而是以購買羊毛衫為前提來選顏色。結果，她買了洋裝，也買了橘色的羊毛衫，店員的誘導技巧成功。

事實上，服飾店常使用這個技巧。如果店員一開始就突然問：「要不要也順便帶一件羊毛衫？」我朋友一定會說：「今天先不用。」所以，店員不管顧客到底想不想買，總之就是提出幾個選項來讓顧客選（在這例子中不是二選一，而是三選一），如此就能製造出讓顧客自己選擇，於是產生滿足感的狀況。

證據就是，我朋友買下羊毛衫後毫不後悔，還覺得自己買到了好東西而相當開心。

巧妙準備幾個選項，誘導對方選擇自己期望的那個。這個技巧在很多場合都能派上用場。有時候，小孩嚷著不想做功課時，媽媽會問：「那你要先吃點心再做功課？還是先做功課再吃點心？」這也是使用這個技巧的典型例子。沒想到媽媽們也很狡猾呢（笑）。

跟諧星「奶油濃湯」的上田學比喻的技巧

日本搞笑藝人組合「奶油濃湯」的上田晉也，是一位用比喻來吐槽別人的高手（有興趣的人，可以上網搜尋他的吐槽語錄）。他真的很會善用比喻。

比如說：當節目中有人自顧自地講話時，他會吐槽：

「這裡不是羅多倫咖啡啦！」[1]

1 譯注：羅多倫是日本店鋪數很多的連鎖咖啡店，台灣也有分店。這句話是比喻無視於他人的存在，就像在咖啡廳一樣逕自閒聊起來。

看到離譜的情況，他會吐槽：

「這簡直就跟韓國沒有泡菜一樣離譜嘛。」

對流行慢半拍的人，他會吐槽：

「你慢半拍的程度，就像十一月才開始賣涼麵一樣嘛。」

他比喻的每一種狀況，都能讓人馬上想像到那種畫面。

打比喻的重點就是要**貼近生活，讓聽眾馬上了解，清楚狀況**。講者如果覺得自己講的內容比較難，可能不太好理解，只要善用比喻就好。比喻精準的話，即使是困難的概念，聽眾也能立刻理解。就像原本有老花眼，看東西看得很費力的人，只要一戴上老花眼鏡，立刻感覺視野變得相當清晰的感覺。這我可不是在講自己喔（笑）。

溝通時光是能想到絕佳的比喻，就算是成功了。讓聽眾能馬上掌握概念，了解講者想傳達的訊息，就能好好記在心裡。這對說話者而言是很難的技巧，要像上田一樣找出那麼巧妙的例子並不容易。

另外，打比喻時除了使用句子，也可以善用故事，**像是用一段小故事來取代要說的內容**。

事實上，《聖經》就是很好的例子。一般人很難直接了解神要傳達的訊息，所以《聖經》中大量使用比喻。在《聖經》裡還出現過以下對話。

弟子問耶穌：「對眾人講話，為什麼要用比喻呢？」

耶穌說：「因他們看也看不見，聽也聽不見，也不明白。」（節選自《馬太福音》13:11、13:13）

這正是比喻的意義。

跟《東京體育報》學玩心與轉換視角

你看過《東京體育報》嗎？

女性可能比較不常看，但日本男性起碼應該注意過一次、讀過一次吧。這份報紙應該也有不少粉絲，每天都很期待出刊。老實說，我也是其中一人。

《東京體育報》究竟哪裡有趣呢？它的頭版標題最有趣[2]，每天都會出現令人驚訝的有趣題材，經常有其他報社不可能報導的內容，像是飛碟、尼斯湖水

2 譯注：《東京體育報》的內容比較聳動，娛樂性質強。

怪、貓王還活著（笑）等。不過，最近已經不像以前那樣經常有這類新聞出現在頭版了。因此，在車站販賣店看到這份報紙，就會讓人忍不住伸手拿一份。

《東京體育報》的選題和下標，具有一種玩心。所謂的玩心，指的是**用不同角度來看待事情**。不是以一般看事情的觀點，而是以大家比較看不到的角度來報導。打個比方，就好像是從傾斜三十度的位置描述所看到的風景。這種角度會讓讀者驚訝或發笑。因此，如果你想說出能引起聽話者好奇心的話，成為《東京體育報》的讀者或許是條捷徑（笑）。

附帶一提，我以前在大學教書，而這領域裡的人喜歡的報紙是《朝日新聞》。「天聲人語」專欄的文章經常出現在大學入學考試中就是個證據。但由於大家資訊來源相同，以至於想法也都很像。

在此情況下，《東京體育報》就提供了不一樣的觀察角度。所以，當所有人都往同一個方向傾斜時，我就能說出不同角度的意見。事實上，像《東京體育報》一樣換個角度看事情，在建立「WE」的關係上非常重要。如此一來，你就能理解跟自己完全不同的人。

愛說話的人更要控制講話的時間

教師和講師的主要工作是說話，看起來好像很適合愛說話的人。但事實上真的是這樣嗎？

各位身邊有沒有愛說話的人？你對這種人有什麼想法？會不會他一開口，你就覺得「他又來了」？

我有位朋友的情況是，只要愛說話的人一開口，他就會自動關上耳朵，自己想別的事。

請想像一下：如果學校的校長很愛講話，朝會會是什麼樣子？還有，如果他來你婚禮致詞，又會是什麼情況？根本沒有人能聽進他說的話吧，聽眾可能從頭到尾都在想「趕快結束吧」。**一旦你被貼上「愛講話」這個標籤，那麼只要一開口，聽眾就完全無法進入情況。**

為什麼大家不喜歡聽愛說話的人講話？那是因為他們說的內容，不是為了聽眾而說。愛說話的人總之就是想講話，不管聽話者是誰都無妨。

事實上，愛說話的人可以把同樣一番話說給任何人聽。只要有對象，他就要人家聽他說。從表面上看來，他是對著某個人、某些人說話，但實際上，他並不是因為對方是誰才說，只是純粹把對方當成聽眾罷了，這是一種上對下的態度。因此，聽話者也會一直守著跟這種人之間的界線。

話說，為什麼婚禮中的恩師致詞一定都很冗長？有部分的原因是，老師年紀畢竟大了（笑）。再者，擔任教職太久，長期處於別人理所當然要聽自己講話的立場，結果就是不管聽眾的感受，自顧自地一直講。實際上，說話內容冗長的人是不會看聽眾的臉的，因為他們都閉著眼說話（笑）。

附帶一提，**公開演講時，遵守時間很重要**。如果你超過規定時間，就會影響到後面的講者。後面的講者只能在不得已之下縮短演說，因為原本他是配合演講時間來準備內容的。如果在後台準備的講者不只一位，那麼，排在愈後面演說的講者，受害程度愈大。而且，有些聽眾可能是比較想聽那些不得已只能縮短時間的演講，而造成他們的損失。此外，可能也有聽眾已經依照表定時間安排好行程，演講一結束就得離開去趕新幹線或飛機，或是有其他行程。至於主辦者，若是講者超時他們也會很焦慮，因為可能要多付超時場地費，或是接下來還有其他團體要使用場地，演講一結束就得盡快撤場等。

因為愛講話所以想當教師、講師的人，也請留意講話的時間。如此一來，不管去哪間教室上課、在哪個會場演講，都能立刻和聽眾建立「WE」的關係。

讓聽眾安靜下來的方法

上台講話前，必須先知道讓聽眾安靜下來的方法，尤其如果聽眾是小孩或學生時，更是需要知道。我們來看一個不用大吼就能讓聽眾安靜的方法。

這是我前陣子去聽落語[3]時發生的事。

我去的是所謂「居酒屋落語」風格的表演場，這種表演場最近還滿流行的。

雖然和場地也有關係，但那天有很多不熟悉落語的聽眾可能是主要原因吧。當時

3 譯注：落語是日本的一種傳統表演藝術，類似中國的單口相聲。

落語家在出囃子[4]的音樂聲中上台了，整個會場都還鬧哄哄的，也有人還在跟鄰座的人聊天。不過，台上的落語家什麼話也沒說，只是靜靜微笑地環視會場，悠哉地等著觀眾席的喧鬧聲停止。

那些還在說話的人發現後馬上閉嘴，落語家這時才微笑地問：「你們已經講完了啊？」引來全場大笑。之後，原本鬧哄哄的表演場瞬間驚人地安靜，所有人全盯著台上，這時，落語家才好整以暇地開始表演，這招還真是高明。

當演講時出場、開會輪到自己發言，或參加婚禮要上台致詞時，即使場內鬧哄哄，不論是誰都可能會選擇直接開始講吧。

這時候其實可以稍微停一下，環視全場。

重點是要面帶笑容。不可以瞪著觀眾，一副好像在說「你們是不會安靜嗎」的表情。要帶著愉快的笑容環視會場，等到覺得聽眾都安靜下來後再開口：「大家好」、「我是○○○」、「我是剛才介紹過的……」。

為什麼要面帶微笑？因為微笑才能建立「ＷＥ」的關係，再者，由於講者並沒有表現不悅，聽眾自然會心生歉意，覺得「**我們明明這麼吵，他卻沒責怪我們**」，因此會產生一種必須更認真聽講的心情。

話說，學校老師講課前也常會有類似舉動。面對鬧哄哄的教室，老師會很不高興地等著學生安靜。不過，這跟前面提到的方法看似相同卻不一樣，請別混為一談。

老師這麼做，就算沒開口，也沒有使用暴力，但事實上只會讓學生感受到一種無形的壓力。這其實是一種「鎮壓」，只會強化雙方的對立關係。

4 譯注：出囃子是配合落語家上台時演奏的音樂。

前述落語家的技巧，是在聽眾與講者間建立起「WE」的關係下安靜下來的，跟學校老師的作法性質完全不同。

我再介紹另一個讓眾人安靜下來的方法。畢竟我也曾經是學校老師，做過很多嘗試，這就是我實驗後的成果。這方法當然不是怒吼一聲：「吵死了，給我安靜！」因為，怒吼只會帶來反效果。眾聲喧嘩時大聲說話，反而會讓別人又提高音量。

這裡要介紹的是，剛好跟這種費盡氣力相反的優雅方法，與剛才那位落語家的方法有點像。那就是**在吵鬧聲中刻意低聲地、淡定地說話**。

咦？這麼做有效嗎？可能有人會對這方法產生懷疑，但實際上效果不錯喔。

喧鬧的人就是處於亢奮狀態，只要讓他們冷靜下來就好。為了更使他們冷靜，就要刻意平靜地說話。雖然學生聽不清楚我在說什麼，但知道我正冷靜地說話，而這種冷靜會慢慢擴散開來，學生的情緒也會緩和下來，並且變得安靜。

附帶一提，用力想讓聽眾安靜會造成反效果，是因為這麼做並無法冷卻學生的亢奮狀態，就算他們暫時安靜，又會馬上喧鬧起來。

「WE」的力量能拯救口拙

一旦建立起「WE」關係後，聽眾自然會成為講者的啦啦隊。只要台上的人說錯話或詞窮，聽眾就會主動幫他打圓場。

我經常能體會到「WE」關係的力量。

我在參加學生的演唱會時，就有這種經驗。我的學生惠理和她的朋友茉莉卡，組成一個名稱很妙的雙人組「女子單身俱樂部」（笑），她們的歌唱得很不錯喔。

我要說的是去年七月在演唱會上發生的事。當時她們預計在下個月，也就是八月，要在澀谷舉行規模較大的演唱會。因為是可以容納六百位觀眾的場子，所以必須盡量宣傳讓更多人知道。雖說她們是職業歌手，但還是很菜，所以這對她們來說是很重要的活動。

終於來到她們宣傳下個月演唱會訊息的時間了！惠理開始宣布演唱會的訊息（對了，事實上她們兩個都很不擅言辭）：「下次演唱會的時間是八月十九日，地點是澀谷的O-WEST。」只說了兩句話這樣就沒了。

等一下！像日期這種重要但單純的資訊，不重複說個幾次是不行的，最少要說三次啊！（我內心的小劇場如是說）。惠理就這麼簡單無趣地帶過，這樣是完全不會讓人有印象的。事實上，當場我也聽到周圍有人在問：「咦？她剛剛說是什麼時候？」

我看不下去了，於是大喊：「下次演唱會是什麼時候？」惠理回答：「八月十九日。」而我便順勢說：「是俳句日[5]耶，俳句日！」我一說完，就聽到旁邊有人說：「喔，這樣就很好記了。」呵呵，這樣子說其他聽眾就不會忘記了。我當然是明知故問。藉由提問和使用諧音，就能讓聽話者更有印象。

附帶一提，由於惠理她們跟粉絲間本來就有牢固的「WE」關係（我好歹也是粉絲之一），所以我才會主動救援，幫她們解圍，這正是「WE」關係的力量促使我這麼做，使我發自內心想幫她們。特別對不擅言辭的人來說，「WE」關係的力量愈是能明顯發揮。畢竟，當她們語塞，不知道該說什麼的時候，台下就會有幾十個人大喊「加油」，來為她們打氣。

所以，只要講者能與台下聽眾確實建立起「WE」關係，就算口才不好，也不會有太大的問題。

這就是「WE」關係的力量！對口才沒自信的人，請一定要先以建立起

「WE」關係為目標。

下一章，我會舉一些生活中常見情境，說明如何讓人聽你說話的技巧，做為本書的結尾。

5 譯注：日文的「819」的唸法跟「俳句」一詞的讀音相同。

第六章

各種情境下，讓人樂意聽你說話的技巧

最後，我想介紹在各種日常情境下，讓別人聽你說話的技巧。

首先要知道**對方是誰？狀況為何？**

由於前提不同，你的「說話方式」、「說話內容」以及「目的」等當然就會不一樣。事實上，你是不是完全沒有意識到這一點，總是以同樣方式跟所有人應對呢？

本章接下來會介紹許多具體方法，請你務必嘗試看看！

情境1 自我介紹

基礎篇

請回想一下，你跟初次見面的人互相自我介紹的情景。你順利記住對方名字的機率，大概是多少？我自己的經驗是意外地少，各位的狀況又是如何呢？

事實上，日語句子的音調是「一開始重，然後漸漸變弱」，以音樂術語來說就是「漸弱」（decrescendo）。

「您好，我的名字是小川直樹。」

一開頭的「您好」這句話很大聲，但等到提及名字「直樹」時，音調已經弱了很多。如果又碰到先報公司名或部門名的情況時，姓名前面的資訊又會增加，因此，可能會發生說到姓名時，幾乎快聽不見的狀況。而且，人對於經常說的話總會比較隨便、不在意。由於自己的名字不知重複說過多少次，所以在自我介紹時，都會忍不住會咬字不清、隨便帶過。

然而，對初次見面的人來說，名字是最重要的新資訊，但說話者卻常常忽略這一點。這種音調漸弱的現象，與「說經常說的話會咬字不清」的習慣，在講電話時尤其嚴重。「您好，我是△△公司的〇〇〇。」說話者自己說得很順，但是，最應該聽到姓名資訊的部分，對方卻完全聽不清楚，這種情況很常見。

如果聽不清楚別人的話，就得必須要求他再說一次，你是不是會覺得有點不好意思？這種說話方式，就會讓對方產生這種感受。

介紹自己時，重點是要「**慢慢地、清楚地**」說。**公司名稱和姓名這種專有名詞，尤其要大聲地慢慢說，清楚地傳達給對方。**

附帶一提，英文句子的語調會自然呈現出理想狀況。

Hi, my name is Naoki Ogawa.

說這句話時，即便講到最後的名字，也能自然清楚地發音。不過，日本人講英語時也會出現講日語的習慣，也就是句子說到最後會愈來愈小聲。對外國人來說，日本人的名字本來就不好懂（以英語介紹日本人時），再加上日本人這種不太好的說話習慣，又讓對方聽不清楚。

自我介紹時，很多人經常誤以為只要自己準備好就好，卻忘了自我介紹是要說給別人聽的。也就是說，說話者必須抱持著要讓別人聽清楚的意識，必須要站在對方的立場去思考：**他想要了解我什麼**。

如果能這樣想，當然就會用別人能聽清楚的方式來說話。

進階篇

在某些場合做自我介紹時，除了姓名之外，也會加上一些基本資訊，呈現出**我們是個什麼樣的人**，尤其是求職面試或聯誼相親時。以下我們來思考一下，應該怎麼說，才能讓對方更有印象。

請千萬不要忘記一件事：**人只聽自己想聽的內容，只對想知道的事感興趣。**要以這個前提去思考自我介紹的內容。

如果是公司面試，面試官想聽的應該是：「這個人能為我們公司帶來什麼好處？」明明是一家不需要英語能力的公司，你卻大談特談自己的「留學經驗」、「有英檢一級資格」、「多益考了八百五十分」，但這些內容其實面試官根本不在意。還有，你曾經在參加學校社團時有多麼努力的這類事情，大多數面試官也不太感興趣。

反之，如果是去外食產業的公司面試，你提到自己「會到處去吃，發掘很特別、很美味的食物」，面試官還比較有興趣聽吧。或是去建設公司面試時，你若是提到：「我從小經常搬家，每次搬家都要適應新的格局，有很多不便之處。因此，對於理想的格局我有自己的點子。」類似這種和工作技巧有關的內容，面試官才比較會專注聽吧。

相親時的自我介紹，也要依對方來調整內容。**思考對方會對結婚對象有何期待，並明確傳達出符合期待的內容**。如果能做到這點，一定能讓對方產生好感。

說句題外話，我個人覺得相親時最佳的自我介紹和宣傳詞是：

「您好，我是年收入三千萬的小川。」

或是以下這種介紹也不錯：**「我是有一億存款的小川。」**

啊，我說的年收入和存款都是虛構的！正在找結婚對象的諸位女性，請不要眼冒愛心靠過來喔（笑）。

話說回來，有人可能會有一套固定的自我介紹，需要講三分鐘，就練習三分鐘版本，需要講一分鐘，就練習一分鐘版本。不過，對任何人都講一模一樣的自我介紹，就只是自我滿足罷了。

自我介紹需具備「**個人基本資訊**」和「**為對方客製化的內容**」。所謂客製化內容，就是你認為對方想知道的資訊。

應用篇

對於不擅言辭、講話沒自信的人，在參加相親派對、聯誼、異業交流派對等場合時，應該怎麼自我介紹呢？

技巧是當你說完必須傳達的資訊後（＝你的姓名和對方應該會想聽的事），接下來只要面帶微笑聽別人說就好。

這世上充滿了愛說話的人。所以，你不妨扮演聽眾，在聽對方淘淘不絕的時候也不時來個「欸——」、「喔～」，**適度地回應對方**。如此一來，對方就會覺得你人很好。

相親活動時尤其需要這麼做。「我口才不好，接下來的時間就請你告訴我你的事吧。」這麼說就能傳達出很動人的訊息。因為這句話背後的涵義是「我想多了解你」。再者，聽對方說話時，反應請大一點。只要不要太假、不自然，反應大一點比較有助於建立「WE」關係。

這種場合的自我介紹，只要讓別人知道你大概是什麼樣子、是個好人就夠了。不需要猛塞一堆資訊。在相親派對中，自我介紹後會進入「想多了解彼此」的階段。所以自我介紹，算是讓參與者判斷想跟誰一起進入下一階段的關卡，只要一開始給人好印象就沒問題。

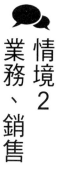

情境2 業務、銷售

基礎篇

如果是業務類工作，公司在做教育訓練時，多半會要求新人去做陌生開發。主管可能會遞來住宅區地圖說：「你去把這一區的住家全都跑一遍。」也可能說：「你去市區的辦公大樓，從上到下全都拜訪一遍，跟他們交換名片。」

如果是食品公司，就是去超商和食品行繞一遍；廣告公司的話，則是去商店街逐一拜訪店家。這些情境下，要怎麼讓別人聽你說話？

當別人正在忙，如果你沒預約就突然去拜訪，對方幾乎不可能會聽你說話。畢竟，不論哪家店、哪間公司，你都是第一次去，無可避免地會處於客場的位置。以這角度來想的話，他們態度冷淡也是理所當然的。

那要怎麼做，才能讓那些地方變成你的主場？首先，要讓對方熟悉你。你要面帶笑容，經常出現在對方眼前，再加上一句：「我正好來附近。」

這時別急著推銷自家公司，而是以想稍微拉近彼此距離的態度跟對方來往。過程中如果出現可談話的空檔，就試著請教對方。即使是閒聊也無妨，總之就是**問對方比較能多聊的事**，像是做生意的辛苦啦，或是身為老闆引以為傲的事啦之類的，盡量讓對方多開口說話，自己則熱切地傾聽。

這麼做，就能讓雙方間萌生「ＷＥ」的關係。如此一來，對方才能開始聽進你的話，而買賣生意也從這個時候才開始。

做陌生開發，需要有耐心地一步步來就好，畢竟沒有人會跟完全不認識的年輕人下大訂單。

進階篇

在商店裡，有時候店員一出聲跟顧客說「歡迎光臨」、「您在找什麼嗎？」，很多顧客就會避之唯恐不及地離開。那麼，面對顧客時一開始該說什麼才好呢？

我的建議是**先關心對方並讚美他**。

假設你是一位銷售員，賣的產品是擦鞋組。就算你不斷對經過店門前的人說：「您需要擦鞋組嗎？」幾乎也不會有人回答：「沒錯！我正好在找這個！」每個人都是快步走開。

這時候，你可以先注意路人的腳，只要發現對方穿著看起來很棒的鞋子，就出聲讚美對方。

「哇，這雙鞋真漂亮！是外國製的嗎？」

你這麼一說，對方有很高的機率會停下腳步，也有可能回你話。

「對，是義大利的鞋子。」

對方如果有回應，你就能藉此跟他聊聊鞋子的話題。然後，再試著問他：「您平常是怎麼保養鞋子的呢？」

對方如果說是自己保養的，就是你推銷擦鞋組的好時機了。「如果您不介意的話，讓我來幫您稍微保養一下鞋子好嗎？」聽你這麼說，對方應該會同意讓你試試。如果鞋子在你的保養下變得很漂亮，對方就會覺得這個擦鞋組很不錯。

賣東西當然是希望商品能成交。不過，一開始不要先想著要賣東西，而是去**思考怎麼讓顧客開心**，這在做業務和銷售上是絕對必要的事。重要的是要尊重對方，不要一開始就把對方定位為銷售的對象。

要把對方視為一個獨特的人，觀察他，然後用為他「量身打造」的讚美來稱讚他。正由於是量身打造的讚美，所以對方會欣然接受，因為他知道「這個店員很重視我」。於是，他也會敞開心房，覺得跟你建立起「ＷＥ」的關係也無妨。

相反地，如果是照本宣科的銷售術語，因為那是可以套用在任何人身上，是隨手可得、廉價的話，所以對方就不會放在心上。

情境3 上台簡報

基礎篇

職場中有很多上台簡報的機會。報告時，請留意你要對聽你報告的人所講的話。你或許會覺得，這不是理所當然的事嗎？但事實上，很多人做簡報都有忽視聽眾的情況。

忽視聽眾的簡報是什麼樣子？講者完全依賴投影片的狀態就是一個很好的例

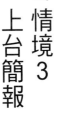

子。這類講者只要做好一份投影片，就把投影片當作稿子，不管何時何地，都講一樣的內容。這樣還不如錄個影片播放就好。

講者躲在投影片或電腦後頭講話也是一樣。這麼做所傳達出的訊息，是你拒絕與聽眾建立「ＷＥ」的關係。因此，講話時請讓對方看得到你。

不完全依賴投影片、不躲在暗處，在這特別的場合裡，對著正在現場的聽眾說話。讓這場簡報成為獨一無二的現場演出，就是以尊重對方為前提的簡報。

話說，人為什麼要去聽演唱會？想聽音樂的話，明明可以上網聽或聽ＣＤ啊。那是因為在演唱會上，歌手就在自己眼前，演唱會就是歌手為了當下的聽眾所做的演出。

上台簡報也是一樣的道理。

要看著眼前的聽眾，尊重對方，對著他說話，因為，這是當下才有的一場特

別的簡報。聽到這種簡報，聽眾會覺得自己受到重視，一旦這麼想，雙方自然就能建立起「WE」的關係。這會成為更大的「WE」關係的第一步，換句話說，就是讓別人想跟你一起工作。

進階篇

上台簡報時必須一直放在心上的事，就是聽眾。

我有過這種經驗──講者發下看起來很像樣的企畫書，螢幕上也呈現跟企畫書相同的內容，接著，講者就按照投影片的內容逐字逐句念。聽眾撥出寶貴的時間參與，講者卻照著紙上的內容念，真的是浪費時間。

規畫簡報內容時，你要去設想聽眾的心情。內容請勿冗長，只要**提供對聽眾**

來說最起碼的資訊就好。所以，報告時，要先告訴聽眾他們想知道的資訊。

摒除一切多餘訊息，清楚地讓對方知道，你說的事對他有什麼好處。這樣的報告聽眾才會接受。

這個原則也適用於投影片。投影片要讓人一看就懂。畫面上要是塞了一堆資訊，滿滿都是文字，那看過的人其實什麼都不會記得，只是做投影片的人自己開心而已。

話說回來，聽簡報的人根本看不完投影片上的資訊。到頭來，講者還是無法把想說的事傳達給重要的聽眾。所以，投影片的文字要少，字體要大！

再者，報告時**不要隱瞞負面資訊**，如此才能獲得信賴。如果聽你簡報的人之後有被欺騙的感覺，會有什麼後果？就算你之前再怎麼努力累積別人的信賴，都會在當下灰飛煙滅。

自己的企畫如果有不夠完善的部分或缺點，一開始就要提出來，這樣反而會讓人覺得你很誠實，而有加分效果。

上台簡報後，最終要處理的問題是：「我們之後能一起做這件事嗎？」也就是能建立長期的「WE」關係嗎？所以，講者絕對要重視你的聽眾。

應用篇

我想稍微介紹一下**利用潛意識的方法**。

這是一種讓有利自己的資訊，自然進入對方心裡的心理戰。感覺好像很厲害，但其實沒那麼難。

請在簡報空檔的休息時間用這個方法。在對方放鬆時，你就輕描淡寫地提到：「我跟A公司的社長去喝酒時……」不用強調，輕描淡寫就好。A公司設定是業界的大公司。對方聽你這麼說，必然大吃一驚，這個資訊就會留在他腦裡某個角落：「這個人是能跟那位社長一起去喝酒的人啊」。

或者是說：「前陣子我跟B公司社長去看拳擊，我們是十年的拳擊同好了……」B公司設定是客戶。這麼說能讓別人知道，你不但受客戶信賴，雙方甚至還有私交。

這樣的訊息進入其他人潛意識裡，就能建立起他人對你的信賴。不過，聽起來如果像是炫耀，只會造成反效果，或許會讓別人對你產生反感。因此，說的時候要輕描淡寫，低調帶過，穿插在其他話題裡。比如在聊日本酒或拳擊時稍微帶到就行了。

此外，講完後，請不用在意別人有沒有反應。即使別人當下沒反應，心裡一定會暗自覺得「我得到一個不錯的資訊了」。

聊家庭的話題也有不錯的效果。「前陣子，我第一次去參加孩子的教學觀摩。哎，真的很感動耶。」稍微提一下這類話題，會讓人產生親切感，覺得你是個好爸爸，而這份親切感就會變成對你的信賴。

由於是在閒聊之際，淡定釋放出這樣的資訊，所以更能進入其他人潛意識裡。如此一來，別人就會對你另眼相待。

情境4 親子與夫妻

親子篇

叛逆期的孩子不太聽父母講話。這時父母該怎麼做？

適合的對策是「自言自語作戰法」。

青春期，尤其是叛逆期的孩子，不太能直接坦然面對父母，但他們心裡還是很在意爸媽。因此，家長可以利用**像是不經意說出口的自言自語，來傳達想跟孩**

子說的話。或者，也可以將你想說的話說給第三者聽，讓孩子聽到。

孩子出門時，父母除了說「小心慢走喔」，也可以再小聲加上一句像是自言自語的話：「最近這孩子好像變得很令人放心了啊。」或者在孩子專注看著電視時，父母可以在後頭以孩子聽得到的音量聊天：「他前陣子的考試很努力喔」、「喔，很棒耶。」

聽話者在放鬆的情況下突然聽到的話，會進入他們潛意識裡。所以，即使沒有當面跟孩子說：「我會好好守護著你，看你成長喔」、「我很肯定你的努力喔」，這些訊息也會留在孩子心裡。

不過，這個方法請只用於讚美，如果是用來批評或說壞話，反而會讓孩子很受傷。

夫妻篇

很多家庭主婦覺得「老公根本都不聽我講話」。丈夫一回家，妻子很想跟他講白天發生的事，但丈夫卻擺出一副覺得很無聊的表情，不讓太太把話說完。太太還沒講完，先生就打開電視看了起來，讓太太很不滿。

不過，從丈夫的立場來看又如何？辛苦工作一天回到家，妻子連一句「你辛苦了」都不說，一開口就要講自己的事，先生當然會覺得太太很吵。這樣下去，兩人永遠是平行線，不斷地在累積壓力。

處理這種狀況的重點是講話時機。這是任何情境下想讓別人聽你說話的共通點：**要等待對方想聽你說的時機。**

丈夫才剛回到家，連領帶都還沒拿下，妻子就一股腦兒地說：「欸，你聽我說喔」，丈夫當然不會想聽。他根本還沒做好聽的準備。丈夫回到家換上家居服後，太太可以先端出一杯啤酒，說句「你辛苦了」。在丈夫喘口氣後，太太再開口：「那個啊，今天……」

不過，**講到這裡就請暫且打住**。或是說：「鏘！今天有件大事喔！」但也就說這麼一句話，之後什麼都先不說，**來吊吊對方的胃口**。如此一來，丈夫的心裡會覺得很在意，想要聽下去。他自然會開口問：「你剛才說的大事是什麼啊？」

情境5 上司與下屬

稱讚

上司想稱讚下屬時，可以跟親子間的情境一樣，使用「自言自語作戰法」，或是「透過第三者作戰法」。雖然可以當面稱讚對方，不過，上司不經意說出口的認同與讚美，比直接聽到效果更大。

以前我遇過一位女性經營者也這麼認為。聽說，她想稱讚下屬時不會直接說，而是跟另一個人說：「○○最近很努力。」

上司的稱讚就會間接傳到當事人耳裡，這會比一對一的讚美更令人高興，得到肯定的人之後也會更努力。

責罵

上司和下屬間如果有「ＷＥ」關係，那麼，在上司責罵下屬時，也是這種關係最能發揮效果之際。

因為與上司已建立起這種關係的下屬，會想支持上司、追隨他，也能坦然接受他說的話。雙方如果存在著「ＷＥ」關係，上司就沒必要破口大罵表達怒意，或嘮嘮叨叨訓話。即使不這麼做，下屬還是能理解上司的想法。

話說回來，發怒或說教的一方自己也不愉快吧。如果隨著怒氣破口大罵或訓話，只會愈說愈生氣。可是，發完火後卻感到尷尬，看到下屬時也有種沉重感，甚至感到不安：「他會不會恨我啊？」

另一方面，面對上司的囉唆訓話，下屬會怎麼想？雖然在上司面前還是裝乖，心裡卻想著「又來了，有夠囉唆」，根本也不會將上司的話聽進去。

人本來就不想聽別人說教，大多只是裝作在聽而已。所以，不管上司再怎麼怒氣沖沖說出難聽的話，再怎麼長篇大論，都只是在浪費時間。

人沒有辦法讓別人真正聽我們說話，要不要聽，是由聽話者決定。

那麼，怎麼罵人才有效？

首先，必須確認責罵的目的，而這目的就是要讓下屬知道自己的錯並改正，只要能達成這個目的就好。那我們來想想怎麼做最有效。

照理說，就是要找到對方最能接受的方式，所以不可以動怒或說教。一旦這樣做，對方根本充耳不聞。什麼方式最能讓對方聽進我們想表達的訊息？那就是讓對方自己思考、有所察覺並想通。所以，上司只要條理分明、簡單易懂地說明就好。

不過，由於讓對方自己察覺問題是重點，所以**不能只有上司單方面地說**，要慢慢引導下屬，也就是透過提問來進行。

這時，也要製造出讓下屬比較好回應的氣氛。

比如說，可以安排一個兩人獨處的環境，在會議室或接待室都好。下屬也是要面子的，如果當著眾人的面挨罵，一定會感到恥辱，所以上司要選擇其他人不會看到的地方。

談話時的氣氛不可以有壓迫感，因此兩人都要坐下來，**讓彼此的視線高度相**

同。而且，不要面對面，而是隔著桌子呈九十度角。站著講話也一樣，兩人之間要呈九十度角。

在這樣的氣氛下，上司以平穩的語氣開始說話，並引導下屬說出意見。絕對不要質問對方，否則會讓對方沉默不語或是更頑強，而不論是哪種情況，他都聽不進你的話。下屬如果有回應，上司就點頭，絕對不要否定他。「不過……」、**「但是……」等這類用語也請避免。**

能做到以上幾點，下屬就會覺得上司很令人安心，情緒也會比較放鬆，能接受其他不一樣的觀點。「原來你是這麼想的。好，那如果換成你是顧客，在這種情況下你會有什麼感覺？」

換個角度，就能發現問題，一旦發現問題，就能思考該怎麼做。這時，上司就可以開始提示該如何解決問題：「我如果站在你的立場，會這麼做吧。」

如果上司能這麼因應下屬的錯誤，下屬一定會覺得「我這輩子都要追隨這個人」吧，或是「我也想變成這麼有器量的主管」。在這樣的互動中，就存在著「WE」關係。上司尊重下屬，而下屬也會尊重上司。

終章

在我撰寫本書的某個盛夏早晨，我在《日經新聞》上看到一篇報導，標題是〈克服「無法傳達想法」的問題〉。

哇，這跟我這本書的主題講的是相同的事吧？我繼續讀下去。然而，該篇報導就只提到本書也介紹到的PREP法，僅此而已。

不過，報導中提到一項問卷調查的結果。這項調查是以一千位上班族為對象，問題是「你最煩惱的工作技能是什麼？」結果，第一名是「說話」，比率高達四分之一（二四．二％）。果然大家都很在意怎麼說話啊。大家似乎都相信，只要會說話，在工作上事事都會很順利。

不過，請等一下！

就算你再怎麼能言善道，也無法強迫別人把你的話聽進去。因為，「聽」這個行為，是去掌握聲音（對方說的話）並理解內容，也就是說，聽話者才是這個行為的主體。所以，要聽不聽，純粹由聽話者來決定。因此，對那些不想聽你說話的人，無論使用任何方法都不能改變他們的心意。要讓別人聽進去，就必須讓對方自己選擇想聽。

說話者能做的事，就只有努力花心思讓對方想聽，而無法強迫他。因此，本書所強調的並不是「讓別人聽」，而是「讓別人願意聽」。

最後，**我再來傳授一個讓別人願意傾聽的終極真諦吧，**那就是，**「站在對方的立場說話」**。

你可能會想，什麼啊，是這句話喔。不過大多數人都做不到這點，因此這句話才有價值。正因為要實踐這句話一點都不簡單，所以我才說明這麼多技巧。

我衷心希望很多讀者能開心地說：「我實踐了書上的方法，結果別人真的聽我說話了！」然後，有一天也能聽我說話……喔，不對，是我期待能聽他們說話。

本書有很多內容的靈感，是來自個人激勵專家石井裕之的著作和課程。如果我沒遇見石井先生，就不會有這本書了吧。在此，我想誠摯地感謝石井先生。

最後，在本書出版過程中，Sunmark出版的新井一哉先生，與節目企畫白鳥美子也幫了我很多，在此深摯表上謝意。

小川直樹

二〇一六年十月吉日

BIG 叢書 315

為什麼你說的話都沒人聽？：讓人「聽得懂」也「懂得聽」的說話之道

作　者—小川直樹
譯　者—李靜宜
副 主 編—郭香君
責任編輯—龍穎慧
責任企劃—張瑋之
封面設計、內頁插圖—陳文德
內文排版—新鑫電腦排版工作室
編輯總監—蘇清霖

董 事 長—趙政岷
出 版 者—時報文化出版企業股份有限公司
10803台北市和平西路三段二四〇號一至七樓
發行專線—（〇二）二三〇六六八四二
讀者服務專線—〇八〇〇二三一七〇五
（〇二）二三〇四七一〇三
讀者服務傳真—（〇二）二三〇四六八五八
郵撥—一九三四四七二四 時報文化出版公司
信箱—台北郵政七九～九九信箱

時報悅讀網—http://www.readingtimes.com.tw
綠活線臉書—https://www.facebook.com/readingtimesgreenlife
法律顧問—理律法律事務所　陳長文律師、李念祖律師
印　刷—勁達印刷有限公司
初版一刷—二〇一九年十月九日
定　價—新台幣三〇〇元
（缺頁或破損的書，請寄回更換）

時報文化出版公司成立於一九七五年，
並於一九九九年股票上櫃公開發行，於二〇〇八年脫離中時集團非屬旺中，

為什麼你說的話都沒人聽？：讓人「聽得懂」也「懂得聽」的說話之道／小川直樹 著；李靜宜 譯. -- 初版. -- 臺北市：時報文化, 2019.10
面；　公分. --（BIG 叢書；315）
ISBN 978-957-13-7967-8（平裝）

1. 說話藝術　2. 人際傳播　3. 溝通技巧

192.32　　108015506

ISBN 978-957-13-7967-8
Printed in Taiwan